L'APPROCHE SOCIALKIND®

Parce que nous sommes soucieux de notre impact environnemental,
nos livres sont imprimés sur des papiers certifiés issus de forêts durablement
gérées (FSC, PEFC). Mais nous avons décidé d'aller plus loin en prenant
la décision radicale de n'imprimer nos ouvrages qu'à la demande.
C'est-à-dire que l'exemplaire que vous avez entre les mains a été imprimé
à l'unité, qu'il ait été commandé par votre libraire, par vous même ou l'une
de vos connaissances. Et ceci est vrai pour tous les exemplaires que nous éditons.
Nous n'avons ainsi ni stock, ni invendu, ni transport inutile, ni pilon.
Nous minimisons notre impact environnemental au strict nécessaire
réduit à l'exacte quantité qu'achètent nos lecteurs.
Ceci implique une organisation certes un peu compliquée,
des coûts légèrement plus élevés et des délais de livraison un peu plus
longs, mais nous pensons que cela en vaut vraiment la peine.

Lexitis Éditions
19 rue Larrey, 75005 Paris – www.LexitisEditions.fr

Delphine LANG

L'APPROCHE
SOCIALKIND®

,LEXITIS
éditions

TRANSFORMEZ VOTRE BUSINESS EN UNE MARQUE RELATIONNELLE

FAITES PARTIE DES MARQUES QUI COMPTENT LE PLUS DANS LA VIE QUOTIDIENNE DE VOS CLIENTS CONNECTÉS.

Delphine Lang

WWW.DELPHINELANG.COM

L'auteur

Delphine Lang est une experte en réseaux sociaux, consultante en stratégie et formatrice. Sa mission est de casser les codes habituels du *social media marketing* et de transcender les idées reçues en rendant l'art de gérer efficacement ses activités sur les réseaux sociaux accessible et compréhensible par tous.

Après plus d'une dizaine d'années d'expérience au sein d'entreprises renommées, tant du côté des annonceurs que des agences, elle se décide en 2014 à explorer son intérêt pour les relations entre les marques et les consommateurs.

En 2016, elle redéfinit les codes du *social media marketing* en dévoilant son approche novatrice, dénommée « l'approche SocialKind® », pour permettre aux entreprises d'atteindre une véritable excellence opérationnelle et de participer activement, en tant qu'acteurs engagés, à la création d'un monde meilleur, plus sûr, plus juste et plus humain pour les générations actuelles et futures.

Aujourd'hui, elle promeut le changement en fournissant aux professionnels des informations précieuses et une orientation résolument axée sur l'acquisition de compétences et l'adoption de nouveaux modes de pensée, de comportements et de pratiques, afin de répondre aux attentes et aux exigences sans cesse croissantes des consommateurs et faire la différence dans un monde en constante évolution, de plus en plus complexe et compétitif.

L'approche SocialKind®

Partie V
Résultats _____ 137

Être présent sur les réseaux sociaux en visant à engager ses clients dans le contenu publié sans savoir comment les utiliser efficacement, c'est comme se placer aux commandes d'un avion pour transporter des passagers vers une destination déterminée sans connaître le plan de vol. Ne courez pas ce risque. Prenez le contrôle de vos activités sur les réseaux sociaux en ayant une connaissance exhaustive et une compréhension parfaite de la direction à suivre.

Delphine LANG

Avant d'entrer dans le vif du sujet, quelques clarifications s'imposent. La première concerne la différence entre les termes « médias sociaux » et « réseaux sociaux ».

Les médias sociaux désignent généralement l'ensemble des sites et plateformes Web qui proposent aux internautes des fonctionnalités dites « sociales » – création et partage de contenus, échange entre utilisateurs, etc. – et qui permettent de créer des réseaux sociaux, c'est-à-dire des communautés de membres (individus ou organisations) partageant des centres d'intérêts communs et reliés entre eux par des liens. La nature des liens existant entre les membres d'un réseau est fonction du média social : amis Facebook, *followers* Twitter et Instagram, abonnés YouTube et Pinterest, etc.

Dans le langage courant, on a cependant tendance à utiliser le terme « médias sociaux » pour évoquer l'ensemble des sites éditoriaux (sites Web et blogs) donnant l'opportunité de créer et développer des interactions sociales et le terme « réseaux sociaux » pour désigner les sites spécifiquement conçus pour permettre à leurs utilisateurs la création et le développement de communautés au travers d'une plateforme sociale.

Dans ce livre, j'utiliserai donc majoritairement le terme « réseaux sociaux » pour correspondre au langage courant.

Autre précision importante pour ceux qui ne seraient pas familiers du terme « engager ». L'entreprise qui vise à engager ses clients dans le contenu qu'elle publie sur ses pages, comptes et/ou chaînes signifie qu'elle cherche à les faire réagir, c'est-à-dire à leur faire *liker*[1], commenter et/ou partager ses publications.

Par ailleurs, que votre entreprise commercialise des produits et/ou des services, je mentionnerai le terme « produits » uniquement – et non « produits et/ou services » – pour simplifier les choses et rendre la lecture plus agréable.

Enfin, je m'adresse à toute entreprise, et plus précisément à toute personne qui gère une marque, de près ou de loin, compte tenu de sa position dans l'entreprise. Que vous soyez un annonceur, une agence[2], une association sans but lucratif, un politicien, une célébrité, un influenceur, etc., ce livre a été conçu pour vous.

---

1. Terme couramment utilisé pour signifier le fait d'accorder une mention « J'aime ».
2. En charge de gérer la présence de marques sur les réseaux sociaux pour le compte d'entreprises clientes.

Introduction

Toutes les entreprises et les gestionnaires de marque[3] ont un jour rêvé de découvrir la formule qui leur permettrait de garantir le succès et la rentabilité de leurs activités sur les réseaux sociaux. Aujourd'hui indispensables à une bonne stratégie de communication, ceux-ci ont une force de frappe exceptionnelle. Cependant, il est essentiel de les utiliser efficacement afin d'éviter d'allouer du temps et de mobiliser des ressources humaines et financières en vain. Sans compter l'impact extrêmement négatif sur l'image de marque et la croissance de l'entreprise en cas d'usage inapproprié.

Lorsqu'il s'agit de communiquer avec ses consommateurs via les réseaux sociaux, nombreux sont les facteurs qui entrent en ligne de compte pour que le contenu publié soit suffisamment séduisant, captivant et convaincant et incite les consommateurs à s'engager. C'est pourquoi disposer d'une solide stratégie *social media*, claire et cohérente, est indispensable pour toute entreprise souhaitant agir à bon escient.

Définir son identité de marque, fixer ses objectifs, clarifier sa mission ou encore acquérir une connaissance approfondie de ses clients sont autant d'étapes à franchir pour garantir l'engagement des membres de sa communauté *online*[4] et rentabiliser sa présence sur les réseaux sociaux.

---

3. *Community managers* en général, mais il se peut que ce soit d'autres collaborateurs au sein de l'entreprise qui endossent les fonctions de *community management*.
4. En ligne.

Aujourd'hui, il ne suffit plus de parler de soi – que ce soit de son entreprise, de sa marque et/ou de ses produits – ni d'amplifier la visibilité de ses contenus par des campagnes publicitaires pour garantir le succès et la rentabilité de ses activités. Vanter ses mérites aux consommateurs ne suffit plus. Il s'agit plutôt de s'atteler à offrir une expérience cohérente et unique combinant un juste équilibre entre solutions utiles et enrichissantes, en accord avec les besoins et les attentes de ses clients. En d'autres termes, il convient de prouver sa valeur par ses actions – en se donnant les moyens de les réaliser –, ce qui va bien au-delà de la simple communication d'informations sur ses produits.

Dans un environnement en perpétuelle évolution où la concurrence ne cesse de s'intensifier, la capacité à offrir aux consommateurs connectés une « expérience client » à haute valeur ajoutée et différenciée est la garantie du succès d'une entreprise, dans quelque domaine que ce soit. Cela requiert un engagement constant à tendre vers l'excellence afin de fournir une prestation impeccable, à la hauteur des exigences croissantes des consommateurs.

Au lieu de rechercher la rentabilité à tout prix, les entreprises doivent considérer celle-ci, non comme un objectif en soi, mais plutôt comme une conséquence de leurs actions. Une conséquence de l'excellence de leur savoir-être et de leur savoir-faire sur les réseaux sociaux. Une conséquence d'actions utiles et sensées. Des actions en accord avec les besoins et les attentes de leurs clients qu'ils ont à cœur de chouchouter. Des actions qui sont réellement efficaces pour séduire ces derniers et les engager.

Avec l'usage sans cesse croissant des réseaux sociaux, les entreprises ont plus de moyens et d'occasions que jamais de construire des relations privilégiées avec leurs clients. Les canaux se multiplient, les points de contacts et d'interactions également, les communautés fleurissent de toutes parts... Et pourtant aujourd'hui, encore trop peu d'entre elles les utilisent de manière pertinente, passant à côté de l'essentiel pour atteindre les résultats espérés.

Malgré le fait que nombre d'entreprises affirment placer, non plus la marque, mais le client au cœur de leur réflexion, cela ne se traduit pas dans les faits. Signe d'une position claire basée sur une logique de communication d'informations sur leurs produits plutôt que sur celle d'une expérience utile et enrichissante, la façon dont elles agissent actuellement sur les plateformes sociales ne reflète pas une approche centrée sur le client.

En ne proposant pas une offre créatrice de valeur durable pour les consommateurs connectés, ces derniers ne se sentent pas suffisamment compris par les entreprises et les marques qu'ils suivent et avec lesquelles ils tentent de communiquer. Il reste donc encore un long chemin à parcourir par les entreprises pour se montrer à la hauteur de l'enjeu.

Les réseaux sociaux sont des lieux de tous les débats. De nos jours, « c'est là que ça se passe ». Se lancer sur ces terrains, c'est prendre le risque d'y trouver ses clients dans un tout autre état d'esprit que celui auquel les entreprises ont l'habitude de faire face.

Les consommateurs d'aujourd'hui sont de plus en plus exigeants, et ce que les entreprises trouvent pertinent comme actions de communication sur les réseaux sociaux n'a pas pour autant – et rarement – de valeur à leurs yeux. C'est là un fait préoccupant qui empêche le bien-être et le développement tant du côté des entreprises que des consommateurs.

Avec des millions d'individus de par le monde qui se connectent tous les jours, les entreprises ont tout intérêt à utiliser les réseaux sociaux « différemment », plus efficacement et plus créativement, si elles ne veulent pas passer à côté des innombrables richesses, jusquelà inexplorées et inexploitées, que ceux-ci offrent. Cela nécessite obligatoirement de changer leur manière de penser, de se comporter et d'agir, en intégrant les technologies à une stratégie intelligente.

Ce livre vous fournit l'équipement complet pour bénéficier d'une compréhension approfondie de la nécessité de changer – dans l'intérêt de tous – et d'une connaissance exhaustive des stratégies de croissance novatrices qu'il vous faudra mettre en place pour atteindre une véritable excellence opérationnelle et un avantage compétitif majeur.

Vous serez dès lors en mesure d'assurer la croissance, le développement et le contrôle de vos activités sur les réseaux sociaux, rendus possible grâce à une parfaite maîtrise des éléments indispensables pour les piloter en toute autonomie et en toute confiance.

Partie I
Votre quête

Le but principal de toute entreprise, quel que soit son domaine d'activité, est de réaliser des profits, et ceci en vendant ses produits.
Selon la majorité des entreprises présentes sur les réseaux sociaux, leur but principal est d'engager leurs clients, actuels et potentiels, et ceci, en communiquant sur leurs produits.

Mais que signifie l'engagement au vrai sens du terme ?

> Un client engagé est un client satisfait.
> Un client engagé est un consommateur du contenu
> que l'entreprise diffuse via les médias sociaux et les médias
> traditionnels et/ou un acheteur de ses produits.
> Un client engagé est un client fidèle.
> Des clients engagés sont des clients fidèles.
> Des clients fidèles se traduisent par une hausse des profits.
> Une hausse des profits entraîne une croissance de l'entreprise.

C'est donc en proposant une offre qui satisfait pleinement les consommateurs – en d'autres termes, en se comportant « comme il faut » – que les entreprises peuvent réussir à les engager. Et donc atteindre leur but.
La question à se poser est la suivante : dans leur quête de l'engagement de leurs clients, les entreprises présentes sur les réseaux sociaux adoptent-elles la bonne attitude ?

Pour engager les consommateurs connectés et maximiser leurs chances de réussite, elles produisent du contenu et investissent de plus en plus de ressources humaines et financières. Elles s'assurent ainsi un certain retour sur investissement : plus de fans, de *followers*, de *likes*, de commentaires, de partages ou encore de vues sur leurs publications. Cependant, nombre d'entre elles déplorent ne pas atteindre les résultats espérés. Prises en étau entre des attentes de résultats immédiats et la contrainte de payer encore et toujours plus pour garantir l'engagement de leur audience, elles continuent de prendre des décisions stratégiques défavorables pour booster leur performance et assurer leur développement. En reproduisant continuellement les mêmes erreurs, elles ne peuvent qu'obtenir des résultats limités à tous points de vue.

L'attitude adoptée par la plupart des entreprises démontre bel et bien un manque évident de connaissance et de compréhension des règles du jeu de l'offre et de la demande qui se joue sur les réseaux sociaux, aussi bien que des enjeux de la relation à nouer et à développer avec les consommateurs connectés d'aujourd'hui.

Dépassées par leurs activités quotidiennes, nombre d'entre elles semblent pourtant ne pas envisager de changer d'approche et persévérer comme elles l'ont toujours fait. Pas de remise en question prévue pour le moment. Or ce n'est pas le manque de temps qui justifie le manque de résultats pérennes, mais bien le manque de direction et de contrôle de leurs activités.

N'est-il pas temps de changer de scénario et d'arrêter d'espérer, en vain, de meilleurs résultats en continuant d'agir de la même façon ? N'est-il pas temps de remettre le but fondamental de tout business – celui de réaliser des profits – comme priorité absolue ?

Pour arriver à ses fins, il faut avant tout vouloir savoir comment s'y prendre. Vous désirez savoir ? Vous le voulez vraiment ? Alors continuez la lecture de ce livre, et vous saurez. Un savoir qui se révélera un atout extrêmement puissant par rapport à ceux qui préfèrent attendre « le jour où… ». Le jour où il sera trop tard, car ceux-ci se seront fait dépasser par les acteurs du changement. Les entreprises *leaders* de demain dont vous ferez assurément partie si vous allez jusqu'au bout de la démarche et que vous faites le nécessaire pour exploiter pleinement ce savoir précieux, cette richesse qui sera vôtre.

Après une profonde phase d'observation du monde environnant, le temps sera venu de lever les barrières qui empêchent une exploitation optimale du potentiel des technologies digitales. De changer les croyances traditionnelles, erronées, qui ne peuvent que mener à un comportement inapproprié et à des actions inefficaces. De changer votre façon de penser, votre comportement et vos pratiques en laissant vos sentiments s'exprimer, pour ne plus vous retenir.

Il n'y a aucune limite. Uniquement celles que l'on s'impose. Tout est finalement une question de volonté et de désir de s'engager dans la bonne direction. Désirer s'écarter des schémas traditionnels, inefficaces et peu productifs et tout faire pour se préparer à changer la donne. Cela demande du temps, certes, mais le plus important n'est-il pas d'atteindre votre but ?

TRANSFORMEZ VOTRE BUSINESS EN UNE MARQUE RELATIONNELLE

**INCARNEZ LE CHANGEMENT
QUE VOUS VOULEZ VOIR
DANS LE COMPORTEMENT DE VOS CLIENTS
À L'ÉGARD DE VOTRE BUSINESS.**

Delphine Lang

WWW.DELPHINELANG.COM

Partie II
Ma philosophie

La manière dont les entreprises mènent leurs activités digitales n'est pas une invention : c'est le résultat d'une accumulation de croyances et de règles véhiculées et transmises depuis l'apparition des réseaux sociaux.

Les entreprises fondent leur approche sur la façon dont on leur a appris à appréhender les plateformes sociales. Elles ne peuvent pas faire autrement, car elles ne savent pas « comment faire autrement ». Elles ont leurs propres limites : ces normes qui s'imposent à elles.

Lorsque je souligne que leur attitude est paradoxale, on peut me dire – je vous l'accorde et vous le pensez peut-être vous aussi – que cela se passe de la même façon dans toutes les entreprises. Il ne faut surtout pas croire que « chez les autres, c'est mieux ».

Tout au long de ma carrière professionnelle en entreprise, j'avais peu de références en dehors du monde restreint que représentait l'environnement corporatif dans lequel j'évoluais et je tentais de me faire une place. Tout ce que l'on me soutenait était censé se transformer en vérité. Mes supérieurs hiérarchiques prônaient des croyances et des règles, exprimées ou tacites, qui déterminaient leurs propres comportements et qui étaient censées dicter la conduite de tous. Des normes qu'il ne fallait surtout pas remettre en question.

En observant et en analysant les conséquences de cette ligne de conduite commune, j'ai pourtant très rapidement pensé que ces croyances et ces règles étaient illogiques, incohérentes, absurdes. Les résultats découlant de notre façon de nous comporter et d'agir étaient régulièrement bien trop insatisfaisants pour que j'accepte ce qui m'était dicté. Mais dans un système – le milieu de l'entreprise – où la fusion est loi et poussée par le désir d'appartenir à ce petit monde, celle que la société voulait que je sois a dû s'y conformer. Je ne pouvais y échapper.

Du moins, c'est ce que j'ai cru pendant longtemps. Jusqu'à récemment, où ma détermination à changer ce qui doit l'être et la force de mes convictions m'ont poussée à développer ma pensée et à affiner ma vision, pour arriver au stade ultime que je m'étais fixé : définir précisément comment penser, se comporter et agir différemment. Plus efficacement et plus créativement.

Le bon mode de pensée, le bon comportement et les bons gestes, je les ai identifiés et formulés clairement. Cela représente une force très puissante pour moi, mais surtout pour vous, puisque mon intention est de transmettre ce savoir au plus grand nombre afin de mener le changement qui s'impose et que l'on souhaite tous, aussi bien au niveau organisationnel, qu'individuel et sociétal.

Convaincre les consommateurs connectés d'aujourd'hui de s'engager dans une relation avec vous par le biais de votre marque requiert une approche pertinente et cohérente afin de garantir la qualité, l'efficacité et la rentabilité de vos activités sur les réseaux sociaux. Dans la partie IV, vous découvrirez le *SocialKind® Strategic Blueprint* : le modèle stratégique que j'ai créé et qui vous explique, étape par étape, comment exercer une présence puissante et efficace sur les réseaux sociaux et réussir ainsi la transformation digitale de votre entreprise.

Outre le « comment » utiliser les réseaux sociaux différemment de l'usage traditionnel que l'on en fait à l'heure actuelle, mon approche souligne l'importance du « pourquoi » changer sans plus attendre. Dans la partie qui suit (partie III), je vous apporte tous les éléments vous permettant de résoudre l'énigme de la transformation digitale dont tout le monde parle, en la prenant à la base, c'est-à-dire en comprenant l'ensemble des circonstances qui justifient l'adoption d'une nouvelle approche.

Il est clair que les entreprises ayant le plus de chances de réussir sont celles qui sont prêtes à remettre en question les croyances et les règles qu'elles suivent aveuglément et à changer ce qui s'impose comme une évidence afin de proposer à leurs clients la meilleure offre possible, à la hauteur de leurs attentes et exigences.

À moi maintenant de vous convaincre d'en faire partie et de vous apporter la solution pour y parvenir.

TRANSFORMEZ VOTRE BUSINESS EN UNE MARQUE RELATIONNELLE

NUL BESOIN D'ÊTRE LEADER
DANS VOTRE DOMAINE D'ACTIVITÉ
POUR VOUS IMPOSER
COMME UNE MARQUE INCONTOURNABLE
AUX YEUX DE VOS CLIENTS CONNECTÉS.

Delphine Lang

WWW.DELPHINELANG.COM

Contexte

Les exigences toujours plus élevées des consommateurs, combinées à la compétitivité croissante de l'environnement et à l'évolution sans cesse changeante de la technologie, vous obligent à connaître et bien comprendre les règles du jeu de l'offre et de la demande qui s'opère sur les réseaux sociaux, afin d'éviter de fonder vos décisions sur des postulats obsolètes.

Il s'agit de les identifier clairement, de faire le tri entre idées reçues et réalité et d'apporter des preuves tangibles de ce que les consommateurs connectés d'aujourd'hui attendent de la part des entreprises et des marques sur les plateformes sociales.

C'est une étape indispensable pour comprendre la nécessité de quitter une approche traditionnelle en faveur d'une approche novatrice, dans le but de générer significativement plus de valeur de vos activités tout autant que de prendre une longueur d'avance sur vos concurrents.

I. Des réseaux sociaux qui ont changé les règles du jeu

Auparavant, deux canaux de contact coexistaient : les points de vente et le catalogue de vente *online*. En l'absence de plateforme d'échange direct entre consommateurs et entreprises, le dialogue s'effectuait principalement à sens unique. Les entreprises lançaient les tendances et les consommateurs n'avaient d'autre choix que de s'adapter. Les règles du jeu avantageaient indéniablement les entreprises, au détriment des consommateurs.

Ces dernières décennies, deux canaux ont pris une importance croissante : le Web et le mobile. Exploités séparément par les entreprises, ils répondaient jusqu'à récemment aux attentes des consommateurs. Les entreprises disposaient encore d'une certaine marge de manœuvre.

L'émergence et l'expansion des réseaux sociaux ont considérablement rapproché les deux parties que sont les entreprises et les consommateurs, offrant à ces derniers un pouvoir de liberté d'expression sans précédent.

Aujourd'hui plus que jamais, les consommateurs peuvent faire entendre leur voix beaucoup plus fortement. Et ils ne s'en privent pas. Que ce soit pour partager leurs points de vue, leurs opinions et leurs préoccupations ou pour solliciter une entreprise dans le but d'obtenir des informations, des réponses à leurs questions et des solutions à leurs problèmes, leur voix se fait de plus en plus entendre, de toutes générations et dans tous les domaines d'activité.

Le contrôle de la relation entre les deux parties a donc évolué au fil du temps pour changer de mains. Un transfert de pouvoir incontestable, en faveur des consommateurs. De nos jours, ce sont très souvent eux qui lancent les tendances. Aux entreprises de s'adapter.

II. Des consommateurs qui se comportent et consomment autrement

Autrefois passifs, les consommateurs sont devenus de véritables acteurs sur le marché, actifs et impliqués, et ce, dès le plus jeune âge. Observant les moindres faits et gestes des entreprises, ils maîtrisent parfaitement les outils exceptionnels que sont les réseaux sociaux. Dans leur vie quotidienne, ils mêlent les avantages du numérique au monde réel et font bousculer des pans entiers de l'économie sur les plateformes digitales (sites Web, réseaux sociaux, blogs, etc.).

De par l'usage croissant des technologies, leurs modes de consommation se sont transformés. Hier, on consommait nécessaire. Aujourd'hui, la simple quête de la possession de biens matériels semble révolue. Consommer ne suffit plus. Les consommateurs ne se laissent plus si facilement séduire qu'auparavant, excepté par les entreprises qui savent leur parler. Des entreprises qui ont pris le temps de bien les comprendre et qui le prouvent au travers d'actions utiles et sensées aux yeux de leurs clients.

Mais qui sont ces consommateurs « nouvelle génération » ?

Constamment connectés, ils ont complètement intégré les nouvelles technologies. Ils démontrent leur capacité à consommer les contenus digitaux activement, intelligemment, de manière engagée et créative. Ils jouent sur la complémentarité des réseaux sociaux et des autres canaux de contact avec une aisance totale. Avec une facilité déconcertante de la part d'enfants en bas âge qui, bien que ne sachant parfois pas encore écrire, ont déjà tout compris à la façon d'utiliser la tablette de leurs parents – si ce n'est la leur.

Les consommateurs d'aujourd'hui sont de plus en plus autonomes et avertis. Ils savent décoder les codes de consommation et apprivoisent d'autres espaces de discours que celui des marques. Dans le passé, ils demandaient conseil à leur entourage proche, que ce soit leurs amis ou leur famille, avant d'acheter. Bien que cela reste encore vrai, ils privilégient désormais les avis d'autres consommateurs – très souvent de parfaits inconnus – via les réseaux sociaux, les blogs et les comparateurs *online*. Des sources d'informations et de conseils qu'ils perçoivent comme des sources de confiance objectives.

Ils n'ont jamais été aussi influents. Les réseaux sociaux sont des lieux d'échange et de débat où les consommateurs passent leur temps à exprimer leurs opinions sur divers sujets : un événement d'actualité, les dernières frasques d'une célébrité, la sortie d'un nouveau produit, etc. Ils s'en servent également pour partager leurs expériences client, donner leur avis après achat et faire connaître leurs bons plans tout autant que prendre connaissance de ceux des autres. Pour ceux qui sont véritablement actifs et engagés dans la création et le partage de contenus – de nombreux utilisateurs étant plutôt passifs, en se limitant à regarder ce qui circule sur la Toile –, ils incarnent de véritables ambassadeurs de marques sur le Web et les réseaux sociaux, sans que les entreprises n'aient besoin de faire appel à eux pour endosser ce rôle. La popularité fulgurante des blogueurs mode, qui partagent au quotidien leurs conseils avec leurs milliers voire millions de fans et *followers* en est la parfaite illustration. Certains sont devenus de véritables stars de l'écosystème digital en très peu de temps. Des influenceurs clés pour les marques, peu nombreux et très courtisés, qui se distinguent des ambassadeurs de marque de par leur très large audience et leur pouvoir d'influence, parfois bien plus importants que des célébrités ayant mis des années à bâtir leur notoriété. Un pouvoir indéniable qu'ils exercent contre rétribution (rémunération, dotation de produits, invitations à des ventes privées, etc.) pour promouvoir des marques. C'est là un phénomène qui prend de plus en plus d'ampleur, amenant nombre d'entreprises à solliciter les blogueurs les plus influents du moment pour incarner leur marque et vanter les mérites de leurs produits.

Ils jugent par comparaison. Disposant d'une pléthore de sources d'inspiration et d'informations, ils peuvent prendre des décisions éclairées sur une marque sans l'intervention de celle-ci. Ils se décident à acheter après avoir comparé les offres proposées par différentes marques, et ce, en ayant fait le tour de la Toile et récolté les avis de toutes parts. Les messages émanant des entreprises ne représentent désormais qu'une des sources d'informations parmi un large éventail d'options.

Ils sont de plus en plus volatils. Ils n'hésitent plus à changer de marque en cas d'insatisfaction, si l'entreprise n'a pas su retenir leur attention, tenir sa promesse et répondre à leurs attentes, ou tout simplement si on leur propose mieux ailleurs. Ils décident où, quand et comment consommer.

De plus en plus adeptes du *shopping* en un clic, ils n'hésitent plus à faire leurs achats sur Internet, depuis leur ordinateur, leur smartphone ou leur tablette, en faisant leurs choix via les moteurs de recherche sans messages marketing façonnés avec soin par les marques. Nombreux sont ceux qui privilégient l'e-commerce plutôt que le passage en magasin pour certains types d'achats (habillement, alimentation, loisirs, etc.).

Le mobile a radicalement changé leur façon d'acheter. En mouvement et armés de leur smartphone, ils ont désormais une idée très précise de ce qu'ils recherchent quand ils se rendent dans un point de vente.

Ils sont plus impatients que jamais. Toujours pressés, ils ne supportent plus d'attendre. Ils veulent pouvoir faire leurs achats rapidement, quand ils le désirent, sans subir l'interminable queue à la caisse des magasins.

De par la pléthore de promotions qu'ils reçoivent dans leurs fils d'actualité lorsqu'ils se connectent sur les différents réseaux sociaux, les consommateurs connectés ont tendance à acheter plus que les consommateurs non connectés. Plus dépensiers car plus tentés... Ils sont également plus fidélisables, ce qui ne veut pas nécessairement dire « plus fidèles ». Bien au contraire, compte tenu du large choix qui s'offre à eux, et ce, quel que soit le type de produits recherché.

Le digital a approfondi les relations entre les entreprises et les consommateurs, mais il a également contribué à augmenter le niveau d'exigence de ces derniers. Disposés à se renseigner de plus en plus sur Internet avant d'effectuer un achat, les consommateurs nouvelle génération ne se contentent plus de messages vantant les mérites de tel ou tel produit, ni de ceux incitant aux achats spontanés. Bien que ce soit ce à quoi se limite l'offre actuelle de la plupart des entreprises présentes sur les réseaux sociaux, ils attendent que celles-ci leur proposent bien plus qu'uniquement des produits.

Les consommateurs – que nous sommes, vous et moi – désirent des contenus plus utiles et plus pertinents par rapport aux choix qu'ils ont à faire et aux décisions qu'ils ont à prendre. Ils attendent des entreprises qu'elles ne les considèrent pas comme de simples acheteurs, mais bien comme des individus à part entière.

Ils sont très clairement dans une double recherche.

D'une part, il y a une recherche de solutions utiles pour gagner du temps et de l'argent, tout en dépensant le moins d'énergie possible. En quête de ce qu'il y a de mieux pour eux, ils attendent des marques qu'elles agissent comme de véritables conseillères.

D'autre part, il y a une recherche de solutions enrichissantes, de plaisir, pour mener une vie animée, riche en divertissements et en distractions. En quête de vivre chaque jour de nouvelles émotions, ils attendent des marques qu'elles leur apportent une part de rêve, de contenu émotionnel qui fait appel à leurs sens.

Dans cette double quête, ils ont des attentes bien spécifiques lorsqu'ils se connectent sur les réseaux sociaux. Des attentes que l'on peut classer du côté rationnel ou émotionnel.

Attentes rationnelles

Dans leur recherche de solutions utiles, ils s'attendent à :

- recevoir des contenus utiles, pratiques et simples ;
- accéder aux contenus facilement et rapidement ;
- profiter d'avantages exclusifs, personnalisés et uniques ;
- pouvoir acheter ce qui les intéresse à tout moment, via le canal de leur choix ;
- bénéficier d'un service client plus réactif que sur les canaux de contact traditionnels.

Attentes émotionnelles

Dans leur recherche de solutions enrichissantes, ils désirent :

- interagir quand ils veulent avec leurs marques préférées et d'autres internautes ;
- accroître leur réseau de relations en faisant de nouvelles rencontres ;
- éprouver des émotions fortes ;
- s'inspirer ;
- se relaxer.

Les consommateurs attendent des marques qu'elles ne cherchent plus à les séduire en arborant badges, logos et signes statutaires, mais plutôt qu'elles interpellent leurs sens et suscitent le plaisir d'écouter ce qu'elles ont à dire en utilisant des leviers émotionnels.

Quand on compare la façon dont les consommateurs d'hier et d'aujourd'hui font leurs achats alimentaires, on peut se dire que leurs comportements et leurs habitudes d'achat ont radicalement changé. Auparavant, ils n'hésitaient pas à passer des heures, en toute décontraction, dans les grandes surfaces pour s'approvisionner. De nos jours, bien qu'ils se rendent encore régulièrement en magasin, les consommateurs nouvelle génération se tournent de plus en plus vers Internet. Cherchant à optimiser leurs ressources – en temps, en argent et en énergie –, ils y trouvent un choix illimité, et le sentiment de liberté totale que confèrent les plateformes digitales quant aux décisions qu'ils ont à prendre est précisément ce qu'ils recherchent.

Cela voudrait-il dire que les consommateurs envisagent de se déplacer de moins en moins vers les points de vente physiques ? Très clairement non. Dans le cas des grandes surfaces, on voit bien que nombre d'entre eux ne regardent pas l'heure quand ils se rendent dans des enseignes qui leur proposent une offre complète, se distinguant ainsi de ce qu'ils peuvent trouver ailleurs. Des enseignes qui ont complété leur offre de base – produits alimentaires principalement – de services en tous genres, mais surtout de rayons entièrement dédiés aux loisirs, dans lesquels les consommateurs peuvent trouver des produits dont ils n'ont pas nécessairement besoin mais qu'ils désirent (multimédia, jardinage, décoration, etc.). Des enseignes qui permettent ainsi à leurs clients de combiner l'utile à l'agréable : faire leurs courses tout en se faisant plaisir !

Les consommateurs choisissent donc résolument d'accorder du temps là où ils trouvent de l'intérêt, c'est-à-dire là où ils perçoivent de la valeur.

Un constat qui est valable quel que soit le canal de contact, les réseaux sociaux y compris. Encore faut-il que les entreprises l'aient intégré et se comportent adéquatement pour proposer à leurs consommateurs connectés ce qu'ils recherchent.

III. Des entreprises qui se comportent et vendent identiquement

Sur les réseaux sociaux, les entreprises cherchent en permanence la bonne stratégie pour se rendre incontournables auprès des membres de leur communauté *online*. Quelle est l'approche qui domine ? Comment opèrent-elles ?

Que la gestion de la présence d'une marque sur les réseaux sociaux soit prise en charge au sein de l'entreprise qui la possède ou confiée à une agence, du contenu est créé pour promouvoir ses produits. Quand elle dispose d'un plan de communication reprenant les lancements de nouveaux produits, les événements ou toute autre opération commerciale en cours et à venir, les publications sont créées sur la base de ce plan. Si l'entreprise n'en possède pas, le contenu est produit en fonction de ce qu'il y a à communiquer sur le moment. Dans tous les cas, l'objectif est clair : engager.

Pour que les publications soient vues par l'audience visée, pas ou plus d'autre choix – selon les croyances communes – que de payer pour amplifier leur visibilité. Le choix du type de campagne publicitaire s'effectue en fonction de l'objectif sous-jacent : une augmentation du nombre de fans ou de *followers,* de *likes,* de commentaires, de partages ou encore de vues.

Dès l'instant où le contenu est publié sur une ou plusieurs plateformes, l'entreprise n'a plus qu'à espérer que la sauce prenne... Quoique pas tout à fait. En effet, dans le cas, par exemple, d'une campagne de recrutement sur Facebook[5], l'entreprise doit choisir, lors de la programmation de la campagne, le montant qu'elle va investir parmi différentes options

---

5. Campagne publicitaire qui vise à recruter des fans sur sa page Facebook.

possibles. Pour chaque niveau de budget, elle peut voir le nombre de nouveaux fans qu'elle obtiendra à la fin de sa campagne. Elle n'a donc plus qu'à sélectionner l'option correspondant aux résultats souhaités... et payer.

Sur le court terme, l'entreprise obtient bel et bien ce qui lui a été promis : la visibilité de ses publications et de nouveaux fans qui ont rejoint sa communauté en *likant* sa page. Mais sur le long terme, rien n'est assuré. Ainsi, si le lien créé avec ces nouveaux membres qui auront interagi le temps de la campagne n'est pas entretenu sur la durée, ces fans chèrement acquis n'auront absolument aucun intérêt pour l'entreprise. Qu'il s'agisse de clients potentiels ou de faux fans – des personnes qui sont payées pour réagir sur les pages et les publications de marques ou qui le font pour booster leur propre visibilité sur les plateformes –, ceux-ci briseront très rapidement le lien avec la marque – en *dislikant*[6] tout simplement sa page –, puisque celle-ci n'aura rien fait pour l'entretenir et le renforcer.
Certes, les résultats d'une telle approche sont positifs. Le temps d'une campagne. Or, pour réussir sur les réseaux sociaux, il ne s'agit pas de créer de la valeur sur une période donnée, mais bien de créer de la valeur aujourd'hui et demain.

L'enchaînement d'actions et de campagnes, qui révèle à la fois un manque évident de stratégie claire et cohérente et une vision à court terme, ne permet aucunement à l'entreprise de générer des bénéfices concrets et durables, ni d'assurer sa croissance et son développement. Poussée par la volonté de réaliser des profits à court terme, elle agit sur tous les fronts, sans direction précise. Les résultats sont sans appel : des communautés de taille réduite sur certaines plateformes, des niveaux d'activité tantôt faibles voire nuls et des niveaux d'engagement trop souvent limités.

---

6. Retirant la mention « J'aime » qu'ils avaient accordée précédemment.

L'approche SocialKind®

TRANSFORMEZ VOTRE BUSINESS EN UNE MARQUE RELATIONNELLE

CE QUE L'ARGENT PEUT ACHETER :
DES VUES, DES LIKES, DES FANS.
CE QUE L'ARGENT NE PEUT PAS ACHETER :
LA CONFIANCE, L'AMOUR, LA FIDÉLITÉ.

Delphine Lang

WWW.DELPHINELANG.COM

Une approche qui ne permet pas à l'entreprise de convertir les individus qui la suivent sur les réseaux sociaux en clients engagés et fidèles.
Et donc d'assurer, sur le long terme, une hausse de son chiffre d'affaires
grâce à une progression de ses ventes, que ce soit en magasin ou sur
son site e-commerce.

Cette approche, qui se focalise très clairement sur la communication
d'informations sur les produits de l'entreprise, relève plus d'une simple présence que d'un véritable engagement visant à plonger le client
dans une expérience à haute valeur ajoutée, au cœur de la marque.

Sachant que les consommateurs sont prêts à acheter plus de produits
d'une même marque à la condition que l'offre qui leur est proposée comble leurs besoins, réponde à leurs attentes et leur donne le sentiment de
pouvoir faire leurs choix sans subir de pression excessive, se limiter à
vanter les mérites de ses produits est totalement contre-productif.

Cette approche traditionnelle, adoptée par la plupart des entreprises à
l'heure actuelle, ne leur permet très certainement pas de construire
des relations solides et durables avec leurs clients, mais permet plutôt
de les faire fuir...

Une approche qui est aujourd'hui obsolète.

IV. Un rapport de force déséquilibré

Pour nombre d'entreprises, le rapport de forces se joue à deux
niveaux : d'une part, entre elles et les consommateurs, actuels ou
potentiels et, d'autre part – pour celles qui externalisent la gestion de
la relation clientèle –, entre elles et les agences qui gèrent leurs activités sur les réseaux sociaux. Idéalement, les deux niveaux devraient
être complémentaires et se soutenir mutuellement. Dans la réalité, le
rapport de force est déséquilibré. Aux deux niveaux.

Dans leur rapport avec les consommateurs auxquels elles s'adressent, les entreprises ont un manque de connaissance et de compréhension évident des nouveaux enjeux de la « relation client » tout autant que de la manière d'utiliser efficacement les réseaux sociaux pour en tirer pleinement profit. En fondant leur approche sur une logique de communication d'informations au sujet de leurs produits, elles ne prouvent en effet pas leur capacité à offrir à leurs clients ce qu'ils demandent, tant au niveau de l'expérience que du service client. Elles font face à des consommateurs qui ont parfaitement intégré les opportunités offertes par les plateformes sociales en termes de proximité, de partage et de dialogue. Des consommateurs qui maîtrisent parfaitement l'usage de ces outils de communication, qu'ils emploient très souvent au quotidien.

Dans le rapport que les entreprises ont avec les agences – pour les entreprises qui confient à ces dernières les clés de la gestion de la relation avec leurs clients –, le fait qu'elles n'aient pas la même expertise que leurs interlocuteurs en matière de *community management*[7] se traduit par un manque de confiance qui les amène à suivre les recommandations qui leur sont faites en termes d'approche traditionnelle, puisque rien d'autre n'est proposé. Elles se retrouvent confrontées à des agences qui, pour certaines d'entre elles, manquent de réflexion stratégique et de vision à long terme – elles-mêmes le reconnaissent et sont d'ailleurs de plus en plus nombreuses à exprimer leurs besoins en matière de compétences stratégiques. Leur offre s'articule très souvent sur la combinaison « contenus et performance ». La production de contenus alliée à leur amplification par des campagnes publicitaires pour garantir un certain niveau de performance, à court terme, de leurs opérations. Des stratégies de contenus peu ou pas créatrices de valeur durable.

---

7. Gestion de la présence d'une marque sur les réseaux sociaux et autres espaces communautaires.

Ce double rapport de forces ne sert absolument pas l'intérêt économique des entreprises, tout en ne permettant pas de satisfaire les consommateurs.

V. Le problème : le manque de compréhension et de compétences

Selon les entreprises, 81 % d'entre elles affirment bien connaître leurs clients. Quant aux consommateurs, 37 % d'entre eux considèrent que leurs marques préférées les comprennent, et 22 % pour les marques en général[8] (le terme « marque » étant plus approprié du point de vue des consommateurs, puisque c'est avec les marques qu'ils échangent et interagissent sur les réseaux sociaux).

À écouter les individus auxquels elles s'adressent, la compréhension réelle par les entreprises de ce qu'ils attendent de leur part est limitée, voire inexistante.

Les entreprises se méprennent très clairement quant aux besoins et aux attentes des consommateurs connectés, tout autant que ceux de leur clientèle de manière générale. Un savoir très puissant, nécessaire et indispensable pour se donner les chances de réussir, qui fait cruellement défaut chez la plupart d'entre elles.

---

8. Cf. bibliographie, n° 1.

Pourtant, les attentes des entreprises sont assez similaires à celles de leurs clients, à savoir :

LES ENTREPRISES ATTENDENT DES CLIENTS	LES CLIENTS ATTENDENT DES ENTREPRISES
de l'écoute lorsqu'elles communiquent	de l'écoute lorsqu'ils s'expriment
des réactions à leurs actions	des réactions à leurs sollicitations
de la participation aux campagnes	de la participation aux discussions
de l'engagement	de l'engagement
de la loyauté	une récompense de leur fidélité
de l'intérêt pour leurs produits	de l'intérêt pour leurs besoins et leurs attentes
qu'ils consomment leur offre	qu'elles répondent à leur demande

C'est une erreur de penser qu'il suffit de tenir sa promesse et de communiquer sur la qualité et les fonctionnalités de ses produits pour réussir à engager les consommateurs connectés. C'est la moindre des politesses, indispensable pour exister, mais ce n'est pas suffisant pour réussir sur les réseaux sociaux. Pourtant, beaucoup d'entreprises pensent ainsi.

Un client satisfait qui a tout ce qu'on lui a promis au niveau du produit peut partir et rompre le lien qui l'unit à une marque via les plateformes sociales simplement parce qu'on lui propose mieux ailleurs. Ce n'est pas l'exécution de la promesse qui renforce ou fragilise sa fidélité, mais la nature même de cette promesse.

Les clients insatisfaits se détournent d'une marque en raison d'une mauvaise « expérience client » en priorité, ensuite seulement à cause d'une faible « promesse produit ». Les deux variables de l'acquisition et de la rétention d'un client sont donc le produit et l'expérience. Quant au prix, il n'a que peu d'influence. Les entreprises qui pensent que les prix de leurs produits vont les aider à bâtir un avantage concurrentiel et que ceux-ci jouent un rôle majeur pour influencer les consommateurs en leur faveur vont au-devant de graves déconvenues.

Si l'on considère les consommateurs qui sont partis vers une autre marque en raison d'une promesse d'expérience plus riche et/ou d'une promesse produit supérieure, on peut penser logiquement que la nouvelle offre correspondait mieux à leurs besoins et à leurs attentes que la première offre qui leur était proposée. Donc qu'elle résulte d'une meilleure compréhension par cette marque de leurs besoins et de leurs attentes.

Considérer le client – et non la marque – comme « le héros » et placer celui-ci au centre de sa communication est primordial pour tenir un discours de réassurance qui est clé dans un monde incertain, où les individus se sentent de moins en moins en sécurité. Cela dit, quand on sait ce qu'il en coûte de vraiment créer une vue à 360 degrés du client, on ne s'étonne pas que la majorité des entreprises soient encore si peu avancées. Cela nécessite en effet un certain investissement en temps et en recherches, que peu d'entre elles ont été prêtes à consacrer jusqu'à présent.

Quand les entreprises ne les comprennent pas, les consommateurs choisissent la moins pire des offres. Selon que l'on considère le verre à moitié vide ou à moitié plein, on se dira que la situation est désastreuse ou, au contraire, qu'il y a vraiment des opportunités en or pour celles qui progresseront dans les domaines de la connaissance et de la compréhension des consommateurs qu'elles visent à engager sur les réseaux sociaux. Des entreprises qui se donneront ainsi les moyens pour élaborer et proposer une offre à la hauteur de la demande de leurs clients.

Le comportement inapproprié des entreprises sur les réseaux sociaux s'explique également par le fait que bon nombre d'entre elles se lancent sur les réseaux sociaux sans direction précise. Seules 15 % des entreprises aux premiers stades de maturité digitale et moins de 50 % de celles en développement – soit plus de sept entreprises sur dix au total – possèdent une stratégie claire et cohérente[9]. Et qui dit absence de stratégie, dit absence de mission et d'objectifs clairement définis, dit usage inadapté – et donc inefficace – des outils qu'elles manipulent.

Par ailleurs, moins de la moitié des entreprises connaissent les précédents achats que leurs clients ont effectués *online*. Elles sont également peu nombreuses à capter et/ou à exploiter les données relatives aux interactions *offline*[10], ce qui révèle un manque total de cohérence de l'expérience client, *online* et *offline*, tout au long du parcours d'achat.

Se basant sur diverses données pour évaluer la performance de leurs activités, les entreprises ont toutefois l'impression de progresser si leur nombre de fans ou de réactions (*likes*, commentaires et/ou partages) sur leurs publications est à la hausse. Or ces données, généralement extraites des plateformes elles-mêmes ou d'outils spécifiques, sont pour la majeure partie des valeurs absolues qui ne donnent aucune indication sur ce qui compte vraiment pour évaluer efficacement le retour sur leurs investissements. Des chiffres qui ne permettent pas aux entreprises d'évaluer dans quelle mesure leurs activités sur les réseaux sociaux ont contribué à la croissance de leur business, ni de prendre des décisions éclairées, fondées et pertinentes sur la

---

9. Cf. bibliographie, n° 2.
10. Hors ligne.

manière d'améliorer l'efficacité de leurs actions. Paradoxalement, les entreprises continuent d'investir toujours plus de ressources, en espérant ainsi atteindre de meilleurs résultats.

Bref, la marge de progression est considérable pour les entreprises, y compris les plus populaires, sur les terrains du digital. Encore aujourd'hui, nombre d'entre elles passent à côté de l'essentiel et, par manque de connaissance et de compréhension, sont dans l'incapacité de tirer pleinement profit de toutes les possibilités de croissance offertes par les réseaux sociaux. Pourtant, à mesure que la maturité du client grandit, le risque pour les entreprises de rater la marche est d'autant plus élevé.

Les entreprises qui avaient autrefois toutes les cartes en main et qui ne prêtaient pas toujours suffisamment attention aux besoins et aux attentes des consommateurs doivent désormais impérativement en tenir compte, tout autant que du changement de comportement des consommateurs. Cette prise en considération est capitale et doit engendrer de fortes adaptations au niveau de leur propre attitude et de leur offre.

Dans la plupart des entreprises, la responsabilité de la gestion de leur présence sur les réseaux sociaux est très souvent confiée à des jeunes, constamment connectés pour leurs activités extraprofessionnelles. Or la maîtrise de ces outils pour une utilisation personnelle ne garantit en rien l'habileté à gérer efficacement la présence d'une marque. Et il existe bel et bien un écart important entre la façon dont les gens interagissent facilement avec d'autres individus dans leur vie personnelle et la façon dont ils gèrent les interactions avec les clients de leur entreprise dans un cadre professionnel.

Savoir utiliser efficacement ces outils pour gérer la présence d'une marque requiert de solides compétences et un savoir bien particulier que bon nombre de ces personnes ne possèdent pas, qu'elles aient ou non des certificats ou diplômes témoignant de leurs aptitudes en matière de *community management*. La raison ? Ce qui est enseigné à l'école ou à l'université, ce sont des croyances et des règles traditionnelles, transmises depuis l'émergence des réseaux sociaux, sans aucune remise en question de leur pertinence. Des normes amenant les entreprises à adopter des conduites inadaptées. Des normes devenues obsolètes et qu'il est nécessaire de changer en intégrant la réalité d'aujourd'hui.

Petit aparté... Je sais que je dérange en affirmant de tels propos, mais, compte tenu des preuves de l'inefficacité de ces normes au regard de la performance actuelle des activités de bon nombre d'entreprises sur les réseaux sociaux – qui expriment elles-mêmes une réelle incertitude quant à l'efficacité et la rentabilité de leurs actions –, c'est bien mon but : éveiller les consciences pour changer la donne en apportant une solution au problème, dans l'intérêt des entreprises et des consommateurs... Chose faite, continuons.

Prendre conscience de ses manquements et se donner les moyens de les combler, c'est se donner les chances de maîtriser la conduite de ses activités et de garantir leur succès et leur rentabilité. Savoir s'adapter rapidement aux changements de l'environnement et proposer une offre cohérente, conçue pour répondre aux attentes et aux exigences sans cesse croissantes des consommateurs se révèle comme une capacité importante, bien plus importante que les compétences technologiques. Cela nécessite inévitablement de comprendre le monde environnant afin de s'engager dans la voie du changement et d'implanter, au sein de l'entreprise, les piliers fondamentaux pour grandir tous ensemble – l'entreprise, ses employés et ses clients.

Vu l'intérêt évident d'exploiter les réseaux sociaux à d'autres fins que celle de la communication d'informations au sujet de leurs produits, les entreprises doivent trouver une façon de tirer leur épingle du jeu afin de ne pas se retrouver dans une situation de perte de contrôle totale de la « relation client ».

À l'heure actuelle, c'est encore loin d'être le cas. Très peu d'entreprises se donnent les moyens de posséder les compétences nécessaires à une véritable exploitation du potentiel des réseaux sociaux. Des entreprises qui continueront de miner les efforts déployés tant que rien ne sera entrepris, à la base, pour changer ce qui doit l'être et se montrer à la hauteur de l'enjeu.

La nécessité de changer d'approche, indispensable pour réussir, oblige les dirigeants d'entreprise, qu'ils le veuillent ou non, à s'assurer que leurs équipes internes ont les compétences nécessaires pour assurer l'efficacité de leurs activités sur les réseaux sociaux. Il est capital de se doter d'une force de frappe solide en interne en diffusant le plus largement possible le savoir requis pour manœuvrer habilement sa présence *social media*.

De nos jours, de nombreux organismes proposent des formations en matière de *community management*. Les dirigeants d'entreprise sont très nombreux à y envoyer leur personnel, convaincus que leurs employés auront ainsi acquis le savoir nécessaire pour bien gérer leur présence *social media*. Or ces formations, transmettant elles aussi les croyances et les règles traditionnelles, ne permettent malheureusement pas aux dirigeants de créer de la valeur ni pour leur entreprise, ni pour leurs clients.

Il s'agit d'acquérir une réelle réflexion stratégique et d'adopter une approche novatrice, ce qui ne peut se transmettre au travers des formations disponibles actuellement sur le marché.

Les dirigeants d'entreprise ont tout intérêt à changer d'approche et à s'engager dans la voie du changement, s'ils ne veulent pas continuer à espérer, en vain, de meilleurs résultats de leurs activités.

Certains dirigeants s'y engageront afin de se réinventer et d'augmenter de façon significative leur position de partenaires privilégiés aux yeux de leurs clients et, par voie de conséquence, leur chiffre d'affaires. D'autres tenteront de conserver leur position acquise – une attitude réservée, fréquente au sein des entreprises, due au manque de confiance face à l'évolution des technologies et de leurs usages.

Cela redistribuera sans doute les cartes, mais une chose est sûre : les entreprises qui se doteront sans plus attendre d'un équipement complet pour réussir à atteindre une véritable excellence opérationnelle et à développer leur capacité à séduire, convaincre et fidéliser leurs clients auront un avantage compétitif majeur sur celles qui reportent à plus tard l'acquisition des connaissances et des compétences indispensables pour réussir.

Cet équipement complet, c'est celui que vous avez entre les mains.

Pour pouvoir faire le changement qui s'impose, il faut savoir comment le faire. Ne cherchez plus la solution... la voici.

TRANSFORMEZ VOTRE BUSINESS EN UNE MARQUE RELATIONNELLE

PASSEZ MAÎTRE DANS L'ART DE SERVIR VOS CLIENTS CONNECTÉS AVEC EXCELLENCE.

Delphine Lang

WWW.DELPHINELANG.COM

Action

Dans un environnement où la lutte pour la visibilité est acharnée et où les consommateurs sont de plus en plus exigeants, se rapprocher de ses clients en adoptant une approche différenciée visant à leur offrir une expérience alliant solutions utiles et solutions enrichissantes est la meilleure manière de se démarquer et d'emporter l'adhésion du plus grand nombre. Et c'est bien à travers les réseaux sociaux que les entreprises peuvent gagner en proximité.

Réussir ce challenge requiert un changement radical, ce qui signifie s'engager dans le vaste mouvement de transformation digitale qui concerne toutes entreprises, tous domaines d'activité confondus. Investir dans le changement passe nécessairement par un rééquilibrage du rapport de forces entre entreprises et consommateurs. Cela s'impose comme une évidence absolue qui bouscule toutes les entreprises, partout dans le monde.

Faire le choix d'entreprendre la démarche d'une transformation digitale est une décision juste, que les entreprises doivent prendre si elles veulent se donner toutes les chances de réussir grâce à la mise en place d'une véritable stratégie *social media*. Une stratégie assurant leur croissance et leur développement. Une stratégie porteuse de valeur ajoutée pour leurs clients. Une stratégie répondant plus largement aux préoccupations de notre société.

Les entreprises doivent toutefois prendre conscience que cette transformation à mener ne concerne pas seulement la digitalisation de leurs activités. Il s'agit de changer non seulement l'état d'esprit de l'ensemble de leurs collaborateurs, la manière d'utiliser les réseaux sociaux pour promouvoir leurs produits, mais aussi les méthodes de travail au sein de l'organisation dans son ensemble.

Les entreprises ayant le plus de chances de réussir sont celles qui sont prêtes à remettre en question leurs croyances et les idées reçues sur l'utilisation des réseaux sociaux et à changer leur mode de pensée, leur comportement et leurs pratiques, afin de répondre au mieux aux besoins et aux attentes des consommateurs d'aujourd'hui.

À vous de faire un choix : jouer le jeu actuel ou bien changer d'approche pour redistribuer les cartes et rééquilibrer le rapport de forces avec vos clients. Faites le bon choix, dans l'intérêt de tous – votre entreprise, vos employés, vos actionnaires, vos clients et la société au sens large.

Prenez toutefois conscience que d'ici au moment où vous n'aurez d'autre choix que de changer, il sera déjà trop tard. Très souvent, vous devrez accepter de faire le grand saut avant même que vos collaborateurs se sentent prêts à en faire de même.

Si vous voulez réussir à tirer pleinement profit des innombrables richesses offertes par les réseaux sociaux avant les autres, décidez-vous à changer. Dès maintenant.

I. S'engager dans des stratégies de croissance novatrices

La capacité à repenser son activité sous l'angle du digital repose en grande partie sur une stratégie puissante, soutenue par les dirigeants d'entreprise qui favorisent une culture incitant au changement de leur mode de fonctionnement et de leurs pratiques.

La transformation digitale n'est pas vraiment une question de technologie, mais plutôt de stratégie[11]. En effet, à moins qu'elle ne soit la propriété d'une entreprise, une technologie ne fournit aucun avantage concurrentiel en soi[12]. La plupart des technologies sont accessibles à tous. Le fait qu'une entreprise se lance sur un réseau social comme Facebook ou Instagram ne lui procure aucun avantage en tant que tel par rapport à ses concurrents, qu'ils utilisent ou non la technologie concernée.

Le piège à éviter est de miser sur la technologie comme une fin en soi. La technologie doit plutôt être considérée comme un moyen pour atteindre les objectifs d'une stratégie puissante. La plupart des entreprises commettent l'erreur de focaliser toute leur attention sur la technologie, au détriment de la stratégie. En mettant résolument l'accent sur la dimension opérationnelle de leurs activités, elles se focalisent sur la résolution de problèmes spécifiques liés à des technologies prises individuellement.

Ne tombez pas dans le panneau. Votre stratégie doit être développée dans la perspective d'un nouveau comportement à adopter sur les réseaux sociaux, en utilisant la technologie efficacement afin d'atteindre vos objectifs stratégiques. L'importance que vous accorderez à utiliser la technologie comme moyen d'améliorer votre caractère novateur et votre processus de prise de décisions révélera une vision large et ambitieuse de l'avenir que vous chercherez à créer, au-delà de la technologie elle-même.

Vous l'aurez compris : pour réussir le changement qui s'impose sur les plateformes sociales et prendre une longueur d'avance sur vos concurrents, l'étape à franchir est d'investir dans une stratégie de croissance

---

11. Cf. bibliographie, n° 2.
12. Cf. bibliographie, n° 3.

novatrice. Cela demande un investissement de votre part, qui en vaut la peine.

Si vous allez jusqu'au bout du chemin dans lequel que je vous invite à vous engager, il y a fort à parier que vous ferez partie des entreprises puissantes aux yeux des consommateurs connectés, que vous soyez ou non *leader* en termes de taille et de parts de marché dans votre domaine d'activité.

II. La solution : l'approche SocialKind®

Offrant de réelles opportunités de croissance et un avantage compétitif majeur, les stratégies basées sur l'approche SocialKind® que j'ai élaborée visent à maximiser le niveau de proximité entre les consommateurs et les entreprises via l'adoption, par ces dernières, d'une attitude novatrice, audacieuse et visionnaire. Une attitude qui les amène à agir comme fournisseurs de solutions utiles et enrichissantes. Une attitude qui vise très clairement à se rendre incontournables dans la vie de leurs clients.

Le principe fondamental de l'approche est de devenir une marque relationnelle.

Une marque capable de gagner la raison et le cœur de ses clients.

Une marque capable de les convaincre de l'utilité et de la nécessité de ses produits.

Une marque symbole de force et de longévité.

L'idée sous-jacente est que les individus choisissent des biens de consommation aussi bien pour leurs fonctions utilitaires que pour leurs fonctions symboliques. Ils privilégient donc les marques et les produits dont les représentations qu'ils en ont répondent à leurs besoins élaborés – la satisfaction des besoins primaires étant un pré-requis nécessaire et indispensable – et comblent leurs attentes.

Au regard du comportement des consommateurs nouvelle génération, incarner une marque relationnelle est incontestablement la meilleure façon de se démarquer de la concurrence et de remporter l'adhésion du public, tous domaines d'activité confondus.

A. Transformer son business en une marque relationnelle

En déployant votre activité sur les réseaux sociaux, votre but doit rester identique à celui que vous vous êtes probablement déjà fixé, à savoir : engager. Ce qui doit changer, c'est la manière de l'atteindre.

Votre fonctionnement doit être efficace et efficient. En d'autres termes, il doit servir les intérêts de vos clients avant tout et permettre d'atteindre le but premier de toute activité : générer des profits.

Si vous parvenez à répondre de façon pertinente aux besoins et aux attentes de vos clients, à utiliser une communication judicieuse et à proposer une offre appropriée, vos efforts de communication s'en trouveront fortement allégés. Une telle offre, qui rencontrera l'adhésion des consommateurs que vous cherchez à engager, nécessitera une pression commerciale moindre, ce qui vous permettra de réduire vos coûts de promotion et, au final, d'accroître votre marge.

Trois directions essentielles à suivre.

1. Répondre aux besoins supérieurs des consommateurs

L'existence préalable d'un besoin chez les consommateurs concernés par les produits d'une entreprise est essentielle pour envisager la mise au point de son offre.

On entend fréquemment parler de « créer un besoin ». Cette expression est erronée. Le marketing ne crée pas des besoins, il ne fait que les révéler.

En référence à la pyramide de Maslow, les besoins, classés par ordre d'importance en cinq niveaux, existent déjà chez chaque être humain. Depuis les besoins primaires, inférieurs, que sont les besoins physiologiques et de sécurité jusqu'aux besoins élaborés, supérieurs, que sont les besoins d'appartenance, d'estime et d'accomplissement de soi.

Besoins inférieurs #01 : besoins physiologiques

Directement liés à sa survie, les besoins physiologiques (manger, boire, s'habiller, etc.) sont les besoins les plus dominants chez l'individu. Ce sont des besoins concrets, que l'on peut aisément associer au besoin de consommer.

Il est évident que le besoin de consommer n'est pas suffisant en soi pour justifier l'existence de la pléthore de produits disponibles dans divers domaines tels que la mode, l'alimentation, la décoration d'intérieur, la téléphonie ou encore l'automobile. L'explication est ailleurs.

Un même produit, comme par exemple une voiture, peut répondre à plusieurs besoins : se déplacer, gagner du temps ou encore affirmer son statut social. Dans l'absolu, plusieurs modèles de véhicule pourraient correspondre au cahier des charges exprimé en termes de besoins. Mais c'est la réponse aux attentes (design, confort, équipements additionnels, etc.) qui amènera très souvent le consommateur à prendre sa décision. Ainsi, alors que la règle universelle pour l'usage privé d'une voiture est la propriété, d'autres segments de clientèle peuvent être identifiés. Des groupes de clients qui ont une conception totalement différente de la voiture. Il ne s'agit plus nécessairement d'un objet dont on est propriétaire et qui véhicule l'image souhaitée par son conducteur. Pour eux, il est plutôt question de commodité. On passe d'une notion de possession à une notion d'usage, qui implique une autre conception de l'utilisation d'une voiture et qui contraint les acteurs du secteur à repenser leur offre.

Informer ses consommateurs au sujet de ses produits constitue le principe de base de la communication. Et ce, quel que soit le canal de communication utilisé, les réseaux sociaux y compris. Ce n'est rien de plus que répondre aux besoins physiologiques de l'individu. Des besoins qui sont fondamentaux, essentiels, « évidents ». Une privation de ces besoins aura obligatoirement un impact sur les autres besoins.

Besoins inférieurs #02 : besoins de sécurité

Les besoins de sécurité résultent de l'aspiration de chaque être humain à se sentir protégé tant sur le plan physique que moral. S'ils sont satisfaits, les besoins de sécurité permettent à l'individu de se libérer de ses craintes et de ses peurs, ce qui induit chez lui un sentiment de force et de maîtrise de son monde[13].

En tant qu'utilisateur de réseaux sociaux et dans sa relation avec une marque – quels que soient les produits qu'elle offre –, ces besoins de sécurité se manifestent surtout au travers du désir de vivre une expérience cohérente, unifiée et continue. Plus l'insatisfaction de ces

---

13. Cf. bibliographie, n° 4.

besoins est grande, plus cela poussera l'individu, en quête de sécurité, à se tourner vers une autre marque qui saura le satisfaire.

Le sentiment de se sentir protégé physiquement et moralement se construit dans l'enfance, grâce à l'assurance de la protection parentale et du sentiment de sécurité ressenti envers la vie par le couple parental lui-même. Si ce sentiment n'est pas ressenti par l'individu, celui-ci pourra percevoir le monde qui l'entoure comme hostile et menaçant.

En tant qu'entreprise, c'est en enseignant à l'individu des rituels et des règles propres à sa marque qu'elle lui permettra d'ordonner et de stabiliser son monde.

Partant du principe que la satisfaction des besoins d'un niveau engendre les besoins du niveau suivant, les besoins élaborés ne se déclarent qu'à la condition que les besoins psychologiques soient assouvis et que les besoins de sécurité soient relativement comblés.

Pour devenir une marque relationnelle, outre la satisfaction des besoins primaires de vos consommateurs en matière de communication d'informations sur vos produits, vous devez viser à combler tous leurs autres besoins. Faire ainsi la différence vous permettra sans conteste de gagner l'adhésion de votre public.

Besoins supérieurs #01 : besoins d'appartenance

Les besoins d'appartenance correspondent aux besoins d'aimer et d'être aimé, d'avoir des amis et d'appartenir à un groupe de pairs. Dans le cas où ces besoins ne seraient pas satisfaits, l'individu ressent une soif de relations et d'intégration à un groupe, qu'il soit social, relationnel ou statutaire – chaque personne pouvant appartenir à plusieurs groupes. D'où l'importance, grandement sous-estimée par la majorité des entreprises, de considérer les consommateurs connectés non comme de simples acheteurs, mais plutôt comme des individus faisant partie du réseau de leur marque.

Les échanges via les réseaux sociaux doivent générer des opportunités beaucoup plus riches de contact entre une marque quelle qu'elle soit et ses clients. Ils doivent permettre à l'individu de renforcer son sentiment d'appartenir à une communauté de membres partageant les mêmes valeurs, les mêmes centres d'intérêts et les mêmes passions. L'entreprise doit l'aider à s'intégrer au groupe réuni autour de sa marque, à s'identifier à elle et à tout ce qu'elle symbolise. La marque doit représenter un point de repère. Une marque d'appartenance à un club relativement exclusif réunissant « des gens comme lui ».

Besoins supérieurs #02 : besoins d'estime

Les besoins d'estime correspondent au désir éprouvé par tout individu d'avoir confiance en soi. Le besoin d'une bonne estime de soi et des autres, ainsi que le besoin du respect de soi et des autres.

Les besoins d'estime englobent, d'une part, le désir de puissance, de performance, d'attention, d'importance et d'appréciation et, d'autre part, le désir de réputation ou de prestige, de reconnaissance, de confiance au regard du monde, d'indépendance et de liberté.

Si ces besoins sont insatisfaits, l'individu expérimente des sentiments d'infériorité, de faiblesse et d'impuissance. Il va de soi qu'une marque qui lui fait éprouver de tels sentiments ne remportera pas son adhésion, et il s'en détournera très rapidement.

Au contraire, s'ils sont comblés, l'individu éprouve des sentiments de confiance, de valeur personnelle, de compétence, de puissance, bref, d'être utile au monde. Des sentiments que toute marque se doit de lui faire ressentir pour être reconnue, respectée et choisie.

Besoins supérieurs #03 : besoins d'accomplissement de soi

Les besoins d'accomplissement de soi correspondent au besoin ressenti par l'être humain de se réaliser, d'exploiter et de valoriser son propre potentiel dans tous les domaines de sa vie.

Si les autres besoins sont communs à tous les individus, le besoin d'accomplissement de soi varie fortement d'une personne à l'autre. Chacun découvrant au cours de sa vie ce pour quoi il est compétent et ce à quoi il aspire vraiment. Et chacun a une conception différente de la manière de faire quelque chose de sa vie et de la rendre intéressante.

L'individu oscille entre imitation – pour être intégré à un groupe de pairs – et différenciation – pour affirmer son identité. Pour qu'elle soit acceptée par le groupe auquel il appartient, la manière de signer sa différenciation envers son groupe de pairs doit s'exprimer par des marques qui respectent les « codes » du groupe. Une fois acceptés, des marques et des produits qui, s'il s'agit de nouveautés, peuvent lui permettre d'évoluer.

L'adhésion à une marque représente pour l'individu une modalité non verbale d'exprimer sa vision du monde, ses sentiments et de faire connaître ses préférences. Dans le respect des conventions des consommateurs auxquels elle s'adresse, la marque doit permettre à l'individu à la fois d'affirmer sa personnalité et de se faire remarquer sans trop se démarquer.

Se faire remarquer est l'un des traits les plus communs des individus qui socialisent beaucoup via les réseaux sociaux. Cette caractéristique se reflète dans le besoin de conquérir. L'adhésion à la marque se transforme alors en un art de conquête de « l'autre », du groupe et de la société dans son ensemble.

TRANSFORMEZ VOTRE BUSINESS EN UNE MARQUE RELATIONNELLE

**LE CLIENT VIENT POUR LE PRODUIT.
IL RESTE POUR L'EXPÉRIENCE.**

Delphine Lang

WWW.DELPHINELANG.COM

2. Offrir une expérience axée sur la dimension symbolique de la marque

Autrefois, la place qu'occupait la dimension symbolique, pour les consommateurs, dans le choix ou non d'un produit était minime. De nos jours, elle est primordiale puisque c'est elle qui guide l'acte d'achat et la consommation en général.

La valeur utilitaire, matérielle, d'une marque fait référence à la qualité propre à ses produits, leur unicité, leurs fonctionnalités, leur finition, etc. Ces critères de qualité matérielle sont à varier selon le produit. Un autre élément important est lié aux points de contact avec la clientèle qui, s'ils sont de haute qualité, participent à renforcer cette valeur.

La valeur symbolique, immatérielle, d'une marque réfère à l'image créée autour de ses produits permettant de définir son positionnement unique par rapport à ses concurrents et donc à ce que la marque représente aux yeux des consommateurs. Ceux-ci peuvent avoir deux jugements distincts sur deux marques proposant des produits tout à fait identiques, simplement en raison des différences d'image de marque.

Dès notre adolescence, nous sommes tous amenés à subir de fortes pressions sociales qui nous rendent sensibles et réceptifs aux symboles des objets de consommation. Un phénomène qui s'est fortement accentué ces dernières décennies.

La culture adolescente, composée de normes, de valeurs, d'attitudes et de pratiques, est reconnue et partagée par les jeunes. Elle est représentée par une multitude de symboles et de significations communs. À partir de l'interprétation de ces codes, les adolescents émettent des avis et des jugements sur les autres, en se basant, par exemple, sur les marques de vêtements ou d'accessoires qu'ils portent. L'acceptation par le groupe de pairs est souvent garantie sous réserve de porter la bonne marque de jean ou de baskets. Le risque de ne pas porter la bonne marque est tel qu'il peut aboutir purement et simplement à l'exclusion du groupe.

Que ce soit les adolescents ou les adultes, les individus de nos civilisations actuelles consomment plus que jamais du « symbole ». Au-delà de leur valeur utilitaire, les marques sont de plus en plus reconnues et consommées pour leur valeur symbolique forte.

La consommation symbolique est basée sur le principe que les individus, en fonction des situations, tendent à consommer des produits ou des marques particulières pour montrer une certaine image d'eux-mêmes et s'identifier à un groupe de pairs. Par le biais de leurs possessions, ils cherchent ainsi à exprimer leur identité tout autant qu'à être reconnus socialement.

S'orientant vers des objets de consommation en fonction des messages qu'ils veulent transmettre aux autres, leurs choix reposent sur ce qu'ils pensent que les marques ou les produits vont symboliquement communiquer aux autres au sujet de leur individualité. Ils prennent en compte l'ensemble des associations liées aux marques, et plus particulièrement les bénéfices symboliques. Ces bénéfices désignent les avantages les plus extrinsèques de la consommation de chacune des marques qui sont reliées à leurs besoins supérieurs. Ce que les consommateurs pensent qu'une marque va socialement leur apporter aura donc un impact majeur sur leurs choix de consommation.

Sur la base de ce principe, la marque doit être symboliquement importante dans les actions qu'elle entreprend sur les réseaux sociaux pour se distinguer des autres et remporter l'adhésion des consommateurs. Elle doit permettre à ceux-ci, d'une part, de gérer leur identité par un processus d'identification au groupe réuni autour d'elle et, d'autre part, de bénéficier d'une certaine reconnaissance au sein du groupe et de la société au sens large. Bref, représenter un repère, un guide, avec des valeurs stables et reconnaissables par tous, afin que chacun puisse évoluer, grandir et « être » au sein de la société.

3. Bâtir des relations durables fondées sur la confiance et la réciprocité

L'argument numéro un qui détermine la loyauté d'un client est la confiance. Les consommateurs sont prêts à – et même préfèrent – acheter plus de produits d'une même marque dès lors qu'ils lui font confiance, ce qui nécessite un renforcement de l'implication de la marque vis-à-vis de ses clients. Un engagement mutuel. Un échange réciproque, qui contribuera à leur fidélisation.

La satisfaction globale du client et la qualité du contact qu'il entretient avec une marque tout au long du cycle de son parcours d'achat ont une influence significative sur sa fidélisation. Rendre ce parcours le plus riche possible et lui donner le meilleur service quand il a un problème permettent ainsi de le fidéliser. C'est pourquoi reconnaître l'importance de la relation client est primordial, au moment de la vente comme sur toute la durée de vie du client, donc avant et après l'acte d'achat.

L'entreprise doit faire tout ce qui est en son pouvoir pour répondre aux moindres désirs de ses clients, actuels et potentiels, en s'adaptant continuellement à l'évolution de leurs besoins et de leurs attentes. Cela nécessite inévitablement de comprendre les raisons pour lesquelles ils envisagent ou envisageraient éventuellement de mettre un terme au lien qui les unit à sa marque sur les réseaux sociaux.

C'est en s'engageant activement à l'égard de ses consommateurs connectés et en faisant tout ce qu'il faut pour leur prouver son engagement que la marque peut réussir à les convertir en alliés de taille.

Une fois confiants en une marque, les consommateurs – souvent ceux qui sont déjà actifs sur les réseaux sociaux – peuvent incarner de véritables porte-paroles, en alimentant les médias sociaux (réseaux sociaux, blogs, forums, etc.) de recommandations toujours plus positives sur la marque et les produits de l'entreprise qui est parvenue à gagner leur confiance. Parmi ces consommateurs fortement engagés, qui ont confiance en une marque et qui le font savoir, certains peuvent exercer un pouvoir d'influence considérable sur les choix de consommation d'autres internautes. C'est ce que l'on appelle communément les « ambassadeurs de marque ».

Qu'il s'agisse de produits de grande consommation ou de produits de luxe, d'un média, d'une personnalité ou d'une association, tout le monde est concerné. En effet, quel meilleur critère de choix d'une « marque » – les exemples pris ci-dessus étant tous à considérer comme tels – que la recommandation d'un autre consommateur qui témoigne de sa confiance en en parlant positivement sur les médias sociaux ? La réponse : aucun.

Les ambassadeurs de marque jouent un rôle clé à trois niveaux :

– Ils servent d'intermédiaires pour créer une relation entre la marque et de nouveaux consommateurs.

– Ils entretiennent la relation entre la marque et ses clients nouvellement acquis ou moins fidèles.

– De par leur implication, ils renforcent la relation qu'ils ont eux-mêmes avec la marque.

Ils apportent une contribution réelle sur divers plans :

1. La visibilité : compte tenu qu'un acheteur potentiel a généralement besoin d'être exposé de trois à cinq fois à un message publicitaire d'une marque avant d'être convaincu d'acheter ses produits, il sera plus rapidement motivé à passer à l'acte d'achat s'il reçoit des messages positifs d'autres consommateurs sur les produits de la marque qu'il envisage d'acheter.

2. La crédibilité : étant eux-mêmes consommateurs des produits de la marque, les recommandations émanant de leur part sont incontestablement la forme la plus crédible de publicité.

3. La confiance : lorsqu'un consommateur doit se forger une opinion sur une marque ou ses produits, la confiance est bien plus élevée à l'égard d'autres consommateurs que de toute autre source d'informations et de publicité.

4. L'engagement : les consommateurs qui achètent sur Internet dépensent plus après avoir reçu des recommandations d'autres internautes ayant déjà expérimenté les produits de la marque.

Qui dit relations de confiance sur le long terme, dit croissance durable et rentable. Par conséquent, bâtir, maintenir et renforcer des relations de confiance avec ses clients via les réseaux sociaux est la garantie absolue pour toute entreprise d'optimiser son retour sur investissement et de créer de la valeur à long terme pour tous les acteurs impliqués.

B. Édifier des bases solides pour maîtriser sa présence sur les réseaux sociaux

Le succès de vos activités sur les réseaux sociaux repose sur l'acquisition des connaissances et des compétences nécessaires et indispensables pour proposer à vos clients une offre qui réponde parfaitement à leur demande.

Par l'adoption d'une approche novatrice, pertinente et cohérente, qui va bien au-delà de l'approche traditionnelle adoptée par la plupart des entreprises présentes sur les réseaux sociaux à l'heure actuelle, vous réussirez à vous distinguer de la concurrence et à vous positionner comme partenaire privilégié de vos clients.

Après avoir exposé les principes fondamentaux de l'approche Social-Kind®, je vous invite maintenant à découvrir tout ce qui la compose au travers du *SocialKind® Strategic Blueprint* : un guide complet et détaillé, que j'ai élaboré pour vous, et qui vous explique, étape par étape, tout ce que vous devez savoir pour l'adopter le plus rapidement et efficacement possible.

Comme évoqué précédemment, la fameuse transformation digitale de votre entreprise signifie, selon l'approche SocialKind®, la transformation de votre business en une marque relationnelle, ce qui implique un scénario de rupture.

Ce scénario se déroule en trois temps :

1. Changer votre façon de penser via la métamorphose de votre culture d'entreprise.

2. Changer votre façon de vous comporter via l'élaboration d'une stratégie puissante.

3. Changer votre façon d'agir via l'adoption des meilleures pratiques fondamentales.

Voici le plan complet et détaillé.

LE SOCIALKIND® STRATEGIC BLUEPRINT	
COMMENT PENSER : POSER LES 7 PILIERS D'UNE CULTURE IDÉALE	
Pilier #01	Responsabilité
Pilier #02	Engagement
Pilier #03	Collaboration
Pilier #04	Prise de risques
Pilier #05	Innovation
Pilier #06	Optimisation
Pilier #07	Optimisme
COMMENT SE COMPORTER : BÂTIR UNE STRATÉGIE PUISSANTE EN 10 ÉTAPES	
Étape #01	Définir clairement son identité de marque
Étape #02	Fixer précisément ses objectifs
Étape #03	Faire une analyse précise de la concurrence
Étape #04	Acquérir une connaissance approfondie de ses clients
Étape #05	Élaborer une offre cohérente qui répond à la demande
Étape #06	Configurer ses pages et comptes sur les canaux appropriés
Étape #07	Définir les thèmes à traiter et créer du contenu optimisé
Étape #08	Établir un calendrier de publications
Étape #09	Mettre en place une base de connaissance clients
Étape #10	Mesurer sa performance et ajuster sa stratégie
COMMENT AGIR : ADOPTER LES 12 MEILLEURES PRATIQUES FONDAMENTALES	
Pratique #01	Utiliser les codes propres aux réseaux sociaux
Pratique #02	Publier régulièrement et au bon moment
Pratique #03	Assurer une veille constante
Pratique #04	Traiter toutes les sollicitations
Pratique #05	Adopter une écoute attentive et empathique
Pratique #06	Répondre rapidement
Pratique #07	Participer aux discussions
Pratique #08	Guider et orienter
Pratique #09	Faire preuve de transparence et de sincérité
Pratique #10	Calmer le jeu et utiliser les messages privés
Pratique #11	Solliciter les influenceurs
Pratique #12	Récompenser la fidélité à deux niveaux

1. Comment penser : poser les 7 piliers d'une culture idéale

Les entreprises qui s'engagent dans un processus de transformation de leurs activités se focalisent très souvent sur l'obtention d'un retour sur investissement immédiat sans penser à plus long terme et, surtout, sans tenir compte du fait que leurs collaborateurs (employés, actionnaires, partenaires externes, etc.) peuvent ne pas être prêts à accepter le changement. Or l'implication de tous et la synergie entre les différents départements de l'entreprise sont des prérequis indispensables à la réussite de tout changement.

Implanter les piliers fondamentaux de la nouvelle approche au sein de l'entreprise, mobiliser l'ensemble des collaborateurs pour qu'ils puissent accepter le changement et s'assurer de l'engagement de tous permettent de solidifier sa position de marque relationnelle et l'attrait qu'elle exercera auprès des consommateurs. Cela nécessite de placer ses collaborateurs dans une culture commune « orientée client », comprise et intégrée par tous, afin de favoriser le développement organisationnel, individuel et sociétal.

Une culture propice au changement et à l'innovation est la marque des entreprises *leaders*. Une telle culture d'entreprise se fonde sur sept valeurs clés qui permettent d'assurer un changement réussi : la responsabilité, l'engagement, la collaboration, la prise de risques, l'innovation, l'optimisation et l'optimisme.

Pilier #01 : responsabilité

Se distinguer par le sens de ses responsabilités, poser des actes concrets et persévérer dans son activité pour atteindre l'excellence sont la garantie de la croissance et du développement de toute entreprise.

Pour que chaque collaborateur se sente responsable, individuellement et collectivement, et qu'il motive les autres à en faire autant, l'estime de soi est un prérequis indispensable.

Ressentir que l'entreprise dans laquelle le collaborateur a une « fonction », un rôle à jouer a de l'estime pour sa personne et le travail qu'il effectue, et qu'elle le traite en tout temps avec équité et considération, suscite la motivation intrinsèque de tout collaborateur et favorise la prise en charge de ses responsabilités.

En référence à nouveau à la pyramide de Maslow, quatre sentiments distincts et complémentaires sont à éprouver par tout collaborateur afin qu'il se sente responsable, tant sur le plan individuel que collectif.

Sentiment de sécurité

Fixer des objectifs clairs et précis, établir des procédures efficaces et solliciter l'engagement de tout le personnel donnent au collaborateur un sentiment de sécurité accru, à la base d'un état de bien-être.

Sentiment d'identité

Le style personnel et unique que chaque employé possède représente une source précieuse d'innovation et de changement.

L'entreprise doit respecter ses collaborateurs dans leurs différences, les amener à prendre conscience de leurs qualités et de leurs forces, tout autant que de connaître et reconnaître celles des autres, afin de créer un climat de confiance permettant à chacun de s'affirmer en toute liberté.

Sentiment d'appartenance

Impliquer l'ensemble du personnel et informer tous les collaborateurs des activités de l'entreprise sur les réseaux sociaux donne l'opportunité à chaque employé de se sentir appartenir à un groupe visant des objectifs communs. Une motivation nécessaire et suffisante pour chacun pour adhérer à la mission, à la vision et aux valeurs de leur entreprise.

Sentiment de compétence

L'entreprise doit fournir à ses collaborateurs les ressources nécessaires au développement de leurs compétences, afin qu'ils soient prêts à relever des défis personnels et communs.

Pilier #02 : engagement

Point de référence quant au succès de ses activités, l'engagement de l'ensemble des collaborateurs de l'entreprise est un des éléments clés de la réussite de toute transformation digitale. C'est grâce à l'implication de tous que l'entreprise peut parvenir à passer le cap du changement et assurer le bon déroulement de ses activités.

Partant du fait que les individus ne s'intéressent au changement que s'ils voient et comprennent sa raison d'être, il s'agit de prendre des mesures délibérées pour provoquer et stimuler l'engagement des collaborateurs, tous autant qu'ils sont.

Les dirigeants d'entreprise doivent impérativement faire en sorte de se procurer les ressources requises pour développer les compétences et le savoir-faire numériques de leurs employés, tout autant que les leurs. Une meilleure connaissance à tous les niveaux entraînera un engagement accru et une participation plus forte de la part des collaborateurs, quelle que soit leur position au sein de l'entreprise (dirigeant, gestionnaire de marque, responsable presse, vendeur en boutique, etc.).

Cet engagement accru des dirigeants à l'égard de leurs collaborateurs réduira également le risque de les perdre. En effet, de nos jours, les employés de tous âges désirent travailler pour des entreprises qui sont profondément engagées dans un processus digital. Ce sentiment se ressent à travers tous les âges, de manière presque équivalente.

La croyance communément répandue que la technologie digitale est « l'affaire des jeunes générations » est totalement fausse. Sur les réseaux sociaux, tout est une question d'interactions entre êtres humains – ce qui n'est pas un domaine réservé à la « génération du millénaire ». Et maîtriser les technologies pour le compte de son entreprise, c'est un savoir qui peut s'acquérir à tout âge, qu'on ait 25 ou 55 ans.

Pilier #03 : collaboration

Les entreprises offrent trop peu souvent à leurs employés un cadre collaboratif qui stimule le développement individuel et organisationnel. Parce que les produits et les modèles économiques deviennent de plus en plus complexes, les entreprises créent un nombre croissant de silos[14] pour faciliter la gestion de leur organisation. Tout particulièrement quand elles sont de grande taille.

Cette simplicité de gestion nuit à l'innovation. Elle n'encourage aucunement les membres de l'entreprise à partager leur savoir avec les autres, à apprendre et à aider les autres, ni à apprendre des expériences de chacun.

---

14. Cela signifie que chaque département de l'entreprise travaille relativement ou totalement indépendamment des autres départements.

La création de styles de travail collaboratifs est le moteur clé de l'innovation. Le succès d'une transformation digitale est tributaire de la collaboration entre les différents départements et collaborateurs de l'entreprise. De cette collaboration dépendent la bonne mise en œuvre d'une stratégie « omnicanal », où tous les canaux de contact entre l'entreprise et ses clients sont utilisés et exploités simultanément et collectivement, et la satisfaction des clients via les différents canaux de communication.

Certains canaux de contact avec la clientèle ne doivent pas être l'exclusivité d'un département en particulier. Chaque département doit être au courant de ce qui passe au sein des autres départements de l'entreprise. Le partage des actions et campagnes, en cours et à venir, que ce soit sur les médias sociaux ou les médias traditionnels, ainsi que celui des données relatives à la connaissance des clients exploitées par chacun est essentiel, afin que l'ensemble des collaborateurs ait une vue claire sur les activités de l'entreprise dans son ensemble.

Dans les entreprises où chaque département travaille de son côté, la mise en place d'une stratégie *social media* doit s'accompagner de l'abandon d'une culture en silos, en faveur de l'adoption de méthodes collaboratives. C'est ce passage vers une collaboration accrue qui assurera sa réussite. Sans cela, elle est vouée à l'échec.

Par ailleurs, les dirigeants doivent encourager la cohésion de leur personnel en favorisant l'unité dans la diversité. Intégrer leurs collaborateurs dans des équipes interfonctionnelles aux connaissances et aux savoir-faire différents leur donne la possibilité de travailler avec d'autres groupes à la mise en place d'initiatives qui sont sources d'innovation.

Fournir les ressources nécessaires pour faire participer des personnes d'origines différentes à la réalisation de projets divers et variés contribue sans aucun doute à garantir le succès des activités de l'entreprise sur le long terme.

Pilier #04 : prise de risques

Qui dit transformation, dit prise de risques. En recherche de nouvelles formes d'avantage concurrentiel, les entreprises qui s'engagent dans le processus de transformation digitale de leurs activités en se dotant de l'équipement complet pour arriver à bon port se sentent plus à l'aise de prendre des risques que celles qui ne l'ont pas encore entamé. Elles maîtrisent ce qu'il faut faire et sont conscientes que la prise de risques est indispensable pour progresser et surprendre leurs clients grâce à une offre qui s'adapte en continu à leurs attentes et exigences.

La prise de risques implique nécessairement la possibilité d'un échec. Pour stimuler la prise de risques en entreprise, les dirigeants qui sont frileux ou y sont réfractaires doivent se forcer à changer de mentalité. Au risque d'échouer – rien n'est garanti dans la vie –, ils ne doivent pas s'empêcher d'oser. Si leurs tentatives mènent à l'échec, ils doivent aborder cet échec comme une étape en vue de succès futurs, tout en tirant les leçons de leurs erreurs pour faire mieux la prochaine fois.

Les dirigeants doivent également étudier la probabilité que leurs collaborateurs pourraient être réfractaires à la prise de risques. Si tel est le cas, il en va de leur responsabilité de les motiver à être plus audacieux.

L'aversion au risque constitue un sérieux obstacle qui empêche nombre d'entreprises d'avancer. Préférant jouer la carte de la sécurité, elles ont tendance à fuir les risques, ce qui les empêche d'explorer de nouvelles opportunités.

Développer une culture moins adverse au risque n'est en aucun cas une tâche insurmontable. Pour oser prendre des risques, il faut avoir conscience que le changement s'impose comme une nécessité absolue pour assurer la croissance et le développement de son entreprise.

LES ENTREPRISES À SUCCÈS CHERCHENT À BÂTIR DES COMMUNAUTÉS D'INDIVIDUS. TOUTES LES AUTRES CHERCHENT À VENDRE DES PRODUITS.

Delphine Lang

WWW.DELPHINELANG.COM

Aujourd'hui, les coûts de l'inaction dépassent presque ceux de l'action. Il vaut donc mieux agir, au risque de se tromper, que de ne rien faire, au risque de ne pas progresser et de ne jamais atteindre le succès escompté.

Pilier #05 : innovation

Métamorphoser sa culture d'entreprise se traduit par la nécessité d'adopter une culture axée sur l'innovation et la créativité. Une culture qui ne peut être dissociée d'une approche visant à offrir une expérience utile et enrichissante à ses clients. Cela donne à l'entreprise la capacité d'intégrer rapidement et aisément les changements à opérer en continu.

La pensée commune veut que l'innovation ou la créativité émane d'éclairs de génie d'un nombre limité de personnes qui ont un don particulier. En réalité, nombre de nouvelles idées brillantes proviennent de la collaboration entre des personnes provenant d'horizons différents.

Mettre en présence des personnes de cultures différentes et de points de vue différents est très éclairant et très précieux pour la croissance et le développement de l'entreprise.

Pilier #06 : optimisation

Se placer en mode *test and learn*[15], en se basant sur sa propre expérience et en s'inspirant de celles des autres, permet de développer ses habiletés dans un but constant de progression et d'évolution.

---

15. Le mode « *test and learn* » consiste à expérimenter des solutions et des nouveaux modes de fonctionnement pour apprendre et optimiser ses activités en fonction des résultats obtenus.

Apprendre de ses erreurs, tout faire pour ne plus les reproduire en améliorant ce qui doit l'être, se remettre en question et accepter la critique, identifier de nouvelles opportunités et s'ajuster en continu amènent à générer des bénéfices concrets de ses activités sur les réseaux sociaux, puisque l'entreprise veille constamment à ce que son offre soit en parfaite adéquation avec les souhaits de ses clients.

Pilier #07 : optimisme

Viser à avoir une influence positive sur son environnement en engageant ses collaborateurs dans un mouvement commun et solidaire afin de bâtir des relations de confiance avec ses clients démontre la qualité de l'engagement de l'entreprise et sa vision à long terme.

L'entreprise doit croire au changement, au progrès et à sa capacité à contribuer à un monde meilleur pour garantir le bien-être et l'épanouissement des générations actuelles et futures.

Les collaborateurs doivent se placer dans un état d'esprit alliant optimisme et réalisme. Être capable de voir le bon côté des choses permet de réduire considérablement la tension lorsqu'un problème survient et d'éviter de se préoccuper d'événements sur lesquels on n'exerce aucun contrôle.

Par ailleurs, le mode de pensée commun doit reposer sur l'humain, la tolérance et le non-jugement. C'est avant tout ce que les consommateurs attendent des marques dans leurs interactions via les réseaux sociaux. Ce mode de pensée doit amener les collaborateurs à respecter la situation spécifique de chacun et considérer que des situations, mêmes fâcheuses, prendront quoi qu'il arrive une tournure positive. Prendre des initiatives pour trouver des solutions appropriées aux problèmes rencontrés permet indubitablement de gagner la confiance de son public.

2. Comment se comporter : bâtir une stratégie puissante en 10 étapes

C'est en proposant une offre d'exception, qui suscite constamment l'envie de s'engager dans vos contenus et de consommer vos produits, que vous parviendrez à bâtir, maintenir et renforcer des relations de confiance avec vos clients. Par voie de conséquence, cela vous permettra d'assurer une croissance durable et rentable de votre entreprise.

Pour arriver à bon port, il faut connaître la direction à prendre en suivant un plan complet et détaillé. En d'autres termes, élaborer une stratégie cohérente et convaincante, qui vous permettra de rendre la valeur de la relation avec votre marque évidente aux yeux de vos clients, est une étape fondamentale pour garantir un retour sur investissement optimal.

Le pouvoir ultime des stratégies basées sur l'approche SocialKind® tient dans leur ampleur, leur clarté et leur unicité.

Dix étapes à suivre.

Étape #01 : définir clairement son identité de marque

Au sein d'un univers extrêmement concurrentiel et face à des consommateurs qui ont besoin plus que jamais de preuves tangibles de la vraie valeur d'une marque, vous devez veiller à établir un positionnement clair dans l'esprit de vos clients en vous rapprochant au plus près du symbolisme identitaire qu'ils recherchent.

Les réseaux sociaux comptent tellement de pages et de comptes qu'une identité de marque qui n'est pas claire ou qui est trop en décalage avec les attentes de ses clients tombera dans les abysses très rapidement.

La notion d'identité de marque reste encore trop peu utilisée par les entreprises dans leurs activités sur les réseaux sociaux. Pourtant, elle constitue la base et l'élément fédérateur de toutes les manifestations d'une marque.

Le nom et le logo d'une marque ne représentent que la partie visible d'une réalité bien plus complexe. Ces signes assurent la médiation entre l'image qu'elle reflète au travers des valeurs qu'elle véhicule et la perception qu'en ont les consommateurs. S'il y a des marques plus « riches » que d'autres, c'est qu'elles bénéficient d'un potentiel d'évocation plus important et plus facilement mobilisable.

De l'expérience que vous allez proposer à vos clients doivent émaner des codes de marque puissants, afin que ceux-ci puissent se faire une image de votre marque qui est authentique et désirable.

Pour éviter que les contenus que vous publiez servent les intérêts de vos concurrents et que vos clients puissent reconnaître directement qu'ils émanent de vous, l'univers de votre marque doit être unique. Cela nécessite de définir ce qui va constituer son unicité en clarifiant votre vision et vos valeurs. Le but d'une telle clarification – ou définition si vous ne les avez pas encore définis au préalable dans votre plan marketing – est de les affirmer dans toutes les expressions de votre marque via les réseaux sociaux. Et, bien sûr, en dehors également.

Un autre élément qui compose l'identité de marque est sa mission : l'orientation future de l'entreprise au travers de sa marque. C'est un non-sens de se déployer sur les réseaux sociaux sans avoir défini pourquoi y être et ce qu'on va y faire. Pourtant, nombre d'entreprises présentes sur les plateformes sociales démontrent, dans les faits, ne pas s'être fixé de mission particulière, outre celle d'informer leurs clients au sujet de leurs produits.

La mission de l'entreprise au travers de ses activités menées sur les réseaux sociaux représente une donnée stratégique clé de son succès et lui confère un avantage concurrentiel majeur. Pour en bénéficier, énoncez clairement quel est le rôle de votre entreprise à l'égard de vos consommateurs connectés et ce que vous vous engagez à faire pour eux en étant présent sur les réseaux sociaux.

L'objectif à ce niveau est de placer votre marque et vos produits comme la solution idéale aux yeux de vos clients, actuels (rétention et fidélisation) et potentiels (recrutement). Imaginez les consommateurs en quête de quelque chose de bien particulier : cela peut être d'acheter des vêtements, une voiture, des conseils pour apprendre à bien se maquiller ou décorer un salon, réserver des vacances, perdre du poids, etc. Dans leur quête, votre offre doit incarner LA solution parmi toutes les offres proposées par les marques actives sur les réseaux sociaux. Elle doit se distinguer de la concurrence grâce à une identité de marque unique et forte, qui doit se ressentir à travers toutes vos actions.

Bref aparté : on parle généralement de résoudre un « problème » et de se présenter comme la solution face au problème du client. Selon moi, ce terme n'est pas approprié car le client n'est, bien heureusement, pas toujours face à des problèmes à résoudre ! Lorsque le client est en recherche d'une solution de crédit car il manque de liquidités, il est bien sûr face à un problème qu'il cherche à solutionner par l'obtention d'un crédit. Mais dans le cas d'un consommateur en quête d'une nouvelle montre, d'un produit de maquillage ou encore d'un bon plan de voyage, on ne peut pas véritablement parler de « problème »... Parler de problèmes est une habitude bien connue de notre société. Selon moi, il est grand temps de changer cette façon négative de voir les choses, en parlant de « quête » plutôt que de problème. Une manière bien plus positive d'appréhender la situation des consommateurs que l'on cherche à séduire et à convaincre.

Quoi qu'il en soit, pour inciter vos clients à réagir, l'identité de votre marque doit être attractive. Elle doit également être crédible, ce qui implique que vous devrez veiller, une fois à l'œuvre, à respecter en continu votre promesse. Votre identité de marque doit également être durable, car il n'y a rien de plus inefficace que de changer de discours d'un jour à l'autre.

Une fois clairement définie, votre mission vous facilitera grandement la tâche consistant à créer le contenu à publier sur les réseaux sociaux (étape 7).

Étape #02 : fixer précisément ses objectifs

Ne pas définir clairement les objectifs que vous voulez atteindre ni les retours attendus a pour résultat l'incapacité de mesurer l'impact de vos activités menées sur les réseaux sociaux. À l'inverse, être précis dans la définition de vos objectifs vous simplifiera la planification et la priorisation des actions à accomplir pour les atteindre.

Comme il n'existe pas de modèle stratégique qui convienne à toutes les entreprises – celui que vous élaborerez sur la base du plan que vous êtes en train de découvrir sera bel et bien unique –, il n'existe pas non plus d'objectifs « idéaux » qui conviennent à toutes les actions ou campagnes menées sur les réseaux sociaux. C'est à vous de définir les vôtres, en vous basant sur la structure BOMR que j'ai imaginée et qui reprend les quatre éléments fondamentaux auxquels vous devez penser :

– But : définir l'intention de votre campagne (par exemple, séduire de nouveaux clients) ;

– Objectifs : lister des objectifs mesurables (par exemple, atteindre une masse critique d'audience) ;

– Métriques : identifier des indicateurs de performance clés (par exemple, nombre de fans) ;

– Repères : préciser des niveaux de référence (par exemple, + 3 000).

Plus vos objectifs sont clairs et précis, plus il vous sera facile de déterminer si vous les avez atteints.

Pour chaque objectif, restez concentré sur un nombre limité de métriques et classez-les par ordre de priorité. Cela vous assurera une rigueur non paralysante et simple pour la phase de mesure post-actions ou post-campagnes.

Étape #03 : faire une analyse précise de la concurrence

Une fois que vous avez déterminé précisément votre identité de marque et vos objectifs, vous pouvez passer à l'étape suivante, qui consiste à identifier quels sont les concurrents sur lesquels vous devez ou souhaitez en savoir plus.

Déterminer les marques que vous considérez comme « concurrentes » sur les réseaux sociaux nécessite d'élargir votre périmètre d'observation au-delà de votre propre domaine d'activité. Celles-ci peuvent être bien moins nombreuses que vos concurrents directs – voire différentes. En effet, un de vos concurrents peut l'être sur votre marché et ne pas être présent sur les réseaux sociaux.

Une fois vos concurrents clairement définis, vous pouvez entamer la veille concurrentielle. Pour cela, il va vous falloir répondre aux questions suivantes :

– Sur quels réseaux sociaux sont-ils présents ?

– Quelle est la taille de leur communauté *online*, dans sa globalité et par réseau social ?

– Quel est leur niveau d'activité ? Sont-ils plus actifs sur certaines plateformes que d'autres ? Si oui, lesquelles ?

– Quel est le niveau d'engagement de leur audience ? Quel est le niveau de *likes*, de commentaires et de partages qu'ils parviennent à générer sur leurs publications ?

– Quels sont les types de contenu publiés ?

L'intérêt d'une telle veille concurrentielle n'est pas de reproduire ce qui marche, mais plutôt d'être au courant de ce qui se passe autour de vous et de la manière dont les autres acteurs s'adressent à leur audience sur les réseaux sociaux. En l'occurrence, la même audience que la vôtre en ce qui concerne les concurrents directs que vous aurez éventuellement inclus dans votre analyse.

Nombre des consommateurs que vous visez reçoivent très probablement les messages de vos concurrents dans leurs fils d'actualité. Connaître les pratiques de la concurrence vous confortera dans l'idée que vous réussirez à vous démarquer si et seulement si vous vous écartez des schémas traditionnels de communication adoptés par la plupart, en ne faisant justement pas comme les autres.

Étape #04 : acquérir une connaissance approfondie de ses clients

Toute entreprise conçoit des produits destinés à des consommateurs. Elle doit donc impérativement savoir au préalable ce que ces derniers sont disposés à consommer, quels sont les motivations et les facteurs qui vont guider leur choix. La connaissance des éléments conduisant un consommateur à l'acte d'achat est un facteur de succès primordial pour toute offre émanant d'une entreprise via n'importe quel canal de contact avec ses clients.

Sur les plateformes sociales, les entreprises publient des contenus destinés à engager leur clientèle, à la fois utilisatrice des réseaux sociaux et consommatrice des produits de leur marque. Il est dès lors essentiel de connaître au préalable quels sont les facteurs déterminants qui susciteront l'engagement des clients afin de ne pas les irriter par des initiatives inappropriées, mais plutôt de nourrir les interactions avec des contenus qu'ils aimeront consommer et partager.

L'acte d'engagement résulte de la combinaison de multiples facteurs qui interagissent et aboutissent ou non au choix, par le client actuel (rétention et fidélisation) ou potentiel (recrutement), d'une marque plutôt que d'une autre : ces facteurs ont trait aux attentes des consommateurs, mais aussi à leurs besoins élaborés (abordés précédemment et communs à tous les êtres humains), leurs valeurs, leurs comportements et leurs usages des technologies.

Pour analyser comment et pourquoi les consommateurs vont, ou ne vont pas, opter pour l'offre qui leur est faite et s'engager dans les contenus qui leur sont proposés, il convient de prendre conscience qu'ils ont, en tant qu'utilisateurs des réseaux sociaux, des attentes bien spécifiques à l'égard des marques qu'ils aiment et suivent via les différentes plateformes. Des attentes qui s'expriment de façons multiples.

Des relations plus proches

Qui dit plus de proximité, dit plus de disponibilité, plus de sincérité, plus d'accessibilité, plus d'écoute :

– Plus de disponibilité : privilégiant les réseaux sociaux pour solliciter les marques lorsqu'ils ont un problème, une question ou besoin de plus d'informations, les consommateurs connectés attendent des entreprises qu'elles fassent preuve d'une réactivité immédiate.

– Plus de sincérité : plus les relations sont sincères, plus cela laisse la possibilité aux clients de ressentir un certain niveau de proximité avec leurs marques préférées.

– Plus d'accessibilité : ils veulent avoir accès aux informations sur les marques et les produits qu'ils consomment ou ont l'intention de consommer partout et tout le temps.

– Plus d'écoute : ils attendent des entreprises qu'elles portent attention à leurs réactions. S'ils s'expriment – et c'est bien ce que souhaitent les entreprises –, ils attendent en retour d'être écoutés et compris.

Des relations plus personnalisées

Les consommateurs seraient davantage motivés et engagés dans les contenus publiés par les entreprises si celles-ci montraient plus de compréhension à leur égard en leur proposant des offres en parfaite adéquation avec les caractéristiques qui leur sont propres : leurs attentes, leurs besoins, leurs valeurs, leurs centres d'intérêts hors médias, etc.

Des relations plus humaines

Les individus consommateurs souhaitent que les entreprises jouent à la fois le rôle de fournisseurs de solutions et de distillateurs d'émotions positives. Pour cela, ils désirent des relations apaisées. Des relations qui leur donnent la possibilité d'apprendre et de se divertir avant tout. Bref, de s'enrichir. Ils attendent des entreprises actives sur les réseaux sociaux qu'elles communiquent de façon moins « administrative », c'est-à-dire qu'elles adoptent un langage simple, adapté à leurs codes, au lieu de chercher à les impressionner par des termes qu'ils ne comprennent pas et ne maîtrisent pas.

Les consommateurs connectés souhaitent également que les relations avec leurs marques préférées participent au renforcement de leur lien social et contribuent au développement de leurs relations communautaires. De manière consciente ou inconsciente, ils cherchent à satisfaire leur besoin d'appartenance à une communauté partageant des valeurs, des centres d'intérêts et des passions communes.

Une fidélité récompensée

Les clients qui sont en lien avec les marques dont ils consomment et achètent les produits attendent d'être récompensés pour leur fidélité à deux niveaux : pour leur engagement dans les messages publiés par les marques sur les réseaux sociaux et pour leur consommation de produits.

Ces quatre types d'attentes, distinctes et complémentaires, ne sont pas comblés par la plupart des marques avec lesquelles les consommateurs se connectent via les plateformes sociales. Des opportunités en or pour les entreprises qui sauront les combler. À vous d'en faire partie en agissant comme il faut grâce à l'approche idéale que vous êtes en train d'intégrer pour en tirer pleinement profit.

Pour connaître le profil spécifique de vos clients ou différents types de clients – en fonction de critères tels que l'âge ou le genre – en tant que consommateurs de vos produits, faites des recherches approfondies sur Internet. Le Web est une source précieuse d'innombrables richesses en matière de connaissances des clients. En menant vos recherches, le but est de trouver les réponses aux questions suivantes :

– Quels sont leurs besoins, objectifs et subjectifs ?

– Quelles sont leurs valeurs, leurs croyances, leurs sentiments ?

– Quelles sont leurs préoccupations ? leurs rêves ?

– Quels sont leurs comportements ?

– Quelles sont leurs attentes ?

– Quelles sont leurs motivations ?

– Quels médias consomment-ils ?

– Sur quels réseaux sociaux se connectent-ils et quels sont ceux qu'ils privilégient ?

– Combien d'appareils connectés possèdent-ils ? À quelles fins les utilisent-ils ?

– Combien de temps y passent-ils ?

– De quoi parlent-ils ?

– Quelles sont leurs activités hors médias ?

– Où font-ils leurs achats ?

À cette liste non-exhaustive, ajoutez toute autre question que vous pourriez trouver pertinente pour assurer une connaissance et une compréhension approfondie de vos clients.

Par rapport aux notions de « besoins » et « attentes », il est important de comprendre que la notion d'attentes des individus en matière de consommation est plus subtile que celle de besoins, tout en lui étant complémentaire. Un individu peut avoir objectivement besoin d'un produit mais ne pas être en situation d'attente. Prenons l'exemple d'un besoin élémentaire : celui de s'habiller. Dans sa quête, l'individu consommateur fait face à un choix illimité, compte tenu du nombre considérable de marques et de modèles de vêtements disponibles sur le marché. Une fois ses achats effectués et son besoin satisfait, qu'est-ce qui fait qu'il sera tenté d'acheter d'autres vêtements, en partant du principe qu'il a acheté tout ce dont il avait besoin ? La réponse : l'envie.

Le défi que vous devez relever pour amener les consommateurs en quête de produits que vous commercialisez à choisir les vôtres consiste donc à les intéresser et à les séduire grâce à une offre convaincante et du contenu de qualité, provoquant l'envie et le désir de posséder votre marque et vos produits plutôt que ceux de vos concurrents.

Étape #05 : élaborer une offre cohérente qui répond à la demande

Une fois acquise la connaissance des caractéristiques spécifiques conduisant vos clients à s'engager et à consommer, l'étape suivante consiste à élaborer votre offre en exploitant toutes ces précieuses informations récoltées. Comme on vient de le voir, une offre qui doit répondre à la demande, voire la provoquer. Une offre qui sera considérée par les consommateurs auxquels vous vous adressez comme une véritable solution puisque vous aurez tenu compte de leurs besoins et de leurs attentes pour l'élaborer. Une offre unique, novatrice. LA solution idéale qui vous permettra de vous démarquer.
Pour devenir une marque relationnelle et vous rendre puissamment connectée à vos clients, il faut prouver la valeur de la relation avec votre marque en la rendant lisible par les actions que vous allez entreprendre sur les réseaux sociaux.

TRANSFORMEZ VOTRE BUSINESS EN UNE MARQUE RELATIONNELLE

IMMERGEZ VOS CLIENTS CONNECTÉS DANS UNE EXPÉRIENCE UNIQUE QU'ILS NE PEUVENT TROUVER NULLE PART AILLEURS.

Delphine Lang

WWW.DELPHINELANG.COM

Une expérience unique

Partant du postulat qu'on ne comprend vraiment quelqu'un que si on connaît son histoire, et si vous voulez que vos clients s'intéressent à vous, il est important de raconter la vôtre.

L'histoire, c'est le principal patrimoine de votre marque. C'est surtout votre meilleur argument de marketing. Tout le monde connaît ou peut aisément connaître – via la multitude de sources d'informations disponibles – vos produits, mais pas spécialement votre histoire. À vous d'exploiter votre propre richesse pour conquérir votre public.

Toutes les grandes marques sont celles qui racontent, au travers de leurs campagnes de communication sur les médias traditionnels et, pour certaines, sur le Web également, des histoires simples, magiques, mémorables, provoquant l'envie de s'immerger dans l'univers de la marque. C'est de cette façon que vous devez séduire vos clients.

Partager son histoire signifie bien plus que d'afficher des beaux mots sur des murs que sont les fils d'actualité, mais plutôt de révéler l'identité de votre marque – vos valeurs, votre vision et votre mission – à votre audience connectée.

Définissez ce qui vous rend unique, votre *one thing*, qui devra se ressentir dans tous les messages que vous allez publier sur les réseaux sociaux.

Vous devez créer un discours qui n'appartient qu'à vous, en relation avec, d'une part, votre marque, vos produits et vos projets et, d'autre part, les besoins, les attentes et les désirs de votre clientèle. Un discours judicieux qui dit en substance « nous savons que vous êtes comme ça et nous mettons à votre disposition toutes les solutions qui correspondent précisément à vos besoins pour que vous puissiez faire les meilleurs choix pour vous-mêmes, par vous-mêmes ».

Une expérience créatrice de valeur, intimement liée à votre marque

Consommer une marque relationnelle, c'est consommer à la fois un produit, une légende, un mythe, une tradition, un savoir-faire et des rites d'usages. Contrairement aux marques qui se présentent davantage comme des produits à vendre, vous devez vendre et donner à consommer toutes les dimensions de votre marque.

Les bénéfices exprimés doivent être essentiellement de nature émotionnelle, voire sensorielle, et non rationnelle.

Pour incarner une marque relationnelle aux yeux du grand public, votre offre doit essentiellement s'articuler autour de votre marque et de ses symboles, plutôt que de vos produits eux-mêmes. De la narration au sujet de vos produits, il vous faut transiter vers la construction collective de votre histoire, en plongeant vos clients dans une expérience qui peut se concevoir comme un voyage initiatique visant à les immerger au cœur de votre marque.

La consommation symbolique des marques a pour particularité d'être fortement axée sur la correspondance entre l'image de soi et l'image de la marque. La marque constitue un moyen d'expression pour l'individu qui préférera une marque dont l'image qu'il a est la plus semblable à l'image qu'il a de lui-même, tandis que la consommation symbolique des produits porte sur l'accord entre l'image de soi et l'image du produit.

La compréhension de cette distinction vous permettra d'envisager, lors de la création de votre contenu (étape 7), soit la mise en avant de l'axe « produits » et de leur utilité pour vos consommateurs, soit de mettre l'accent sur l'axe « marque » et sur ce qu'elle peut leur apporter d'un point de vue symbolique.

Une expérience de luxe, alliant solutions utiles et enrichissantes

Comme on l'a vu précédemment, votre offre doit incarner aux yeux de vos clients, en quête d'un produit que vous proposez, la meilleure solution possible parmi toutes les offres disponibles sur les réseaux sociaux.

D'une part, vous devez vous placer comme fournisseur de solutions utiles en aidant vos clients dans leur recherche et en leur permettant, par le biais de vos actions, de gagner du temps et de l'argent tout en dépensant le moins d'énergie possible.

Partagez avec eux des rites d'achat et enseignez-leur des rites de savoir-consommer. Se comporter comme conseiller signifie ne jamais imposer, ne pas dire ce qu'il faut faire, mais plutôt proposer, en suggérant habilement que votre marque et vos produits sont ce qu'il y a de mieux pour eux. Vous réussirez ainsi à être en première place dans leur esprit lorsqu'ils auront à passer à l'acte d'achat.

D'autre part, sachant que la notion de plaisir devient aujourd'hui la première motivation d'achat des consommateurs, il vous faut agir comme distillateur de solutions enrichissantes, riche en plaisirs et en distractions pour contribuer, à votre façon, à améliorer la vie des gens.

Face à la dure réalité d'aujourd'hui, qui est incompréhensible et insensée, les individus, en quête d'un mieux-être, cherchent autant que possible à éprouver du plaisir en faisant appel à leurs sens, à se divertir et à se distraire pour sortir de la grisaille du quotidien. Dans ce contexte-là, le luxe est considéré par les consommateurs comme un concentré de plaisir, un produit d'indulgence, une récompense que l'on s'accorde personnellement dans une société de plus en plus anxiogène et de moins en moins gratifiante.

De nos jours, le luxe représente la part de rêve et d'excellence dont les individus ont besoin. Il est avant tout associé à un plaisir personnel, favorisant un sentiment d'appartenance à un club exclusif, tout en permettant d'affirmer son identité. Le luxe prend donc pleinement son ancrage dans une motivation profonde de la société actuelle.

Que votre entreprise commercialise des produits de luxe ou non, l'intention est de tirer parti de l'engouement plus massif pour le luxe en s'écartant des codes fondateurs du marketing du luxe que sont l'exclusivité de la cible, la sélectivité de la diffusion et la discrétion de la communication.

L'expérience de luxe à offrir aux consommateurs connectés doit être perçue, non comme une expérience normale de gens riches, mais plutôt comme une expérience riche de gens normaux. Et donc accessible à tous autant que nous sommes sur cette Terre. Une expérience destinée et accessible à tout un chacun, tout en donnant le sentiment qu'elle est exclusive et réservée aux êtres exceptionnels que représentent les consommateurs à vos yeux par le biais de votre marque.

L'acte d'achat lui-même doit être un plaisir passant par l'émotion, les sens et l'expérience globale vécue, grâce à votre marque, sur les réseaux sociaux et en dehors.

Une expérience cohérente

La cohérence de l'expérience à offrir à vos clients sous-entend une relation qui est :

– fluide : claire et limpide sur les différents canaux de contact ;

– continue : en temps réel et durable.

Tout doit leur être accessible de manière intuitive et quasi immédiate. Les choses doivent se passer comme si tout avait été pensé pour faciliter leurs recherches, les rendre agréables et surtout éviter qu'ils perdent du temps inutilement.

Vos clients doivent se sentir guidés, orientés, servis efficacement pour leur éviter toute frustration.

Rien ne doit venir gêner l'attention des internautes, mis à part les contenus, qui doivent être simples à comprendre et à consommer. L'expérience immersive doit inclure tout ce dont vos clients ont besoin. Rien de plus, rien de moins. Elle doit être aussi parfaite que possible, se suffire à elle-même. Il faut qu'ils se disent qu'il n'y a rien à ajouter ou à supprimer.

« Less is more » : faire ressentir aux consommateurs connectés que vous cherchez à séduire et convaincre qu'ils sont dans un univers privilégié, exclusif, qui leur est réservé. Les codes propres à votre marque doivent être apparents ou se laisser facilement deviner.

Une expérience omnicanal, connectée à chaque étape du parcours client

La multiplicité des canaux de contact ne doit pas être traitée comme un empilement de solutions proposées aux clients sur chaque canal considéré individuellement. L'expérience que vous allez offrir doit être une expérience « omnicanal ». Une expérience unifiée, c'est-à-dire qu'elle doit être identique quel que soit le canal de contact utilisé.
Il vous faut envoyer les bons messages aux bons moments sur les bons canaux pour être en mesure de proposer la meilleure expérience relationnelle avant, pendant et après l'acte d'achat. Veillez donc à ce que tous les canaux de contact que vous avez mis ou mettrez en place soient utilisés et mobilisés de manière optimisée.

Étape #06 : configurer ses pages et comptes sur les canaux appropriés

À chaque type de clients une façon spécifique de parler d'une marque et de ses produits, mais aussi un lieu idéal de communication et d'échange. C'est l'enjeu que pose une relation clientèle déportée sur les réseaux sociaux : se positionner là où se trouvent ses clients au quotidien.

Au-delà de nouer et développer des relations avec ses consommateurs, il s'agit d'être dans une situation de symétrie en utilisant les mêmes outils de communication. Pour maximiser leur engagement, engagez la conversation là où ils passent le plus clair de leur temps pour échanger avec les marques et d'autres internautes. C'est-à-dire là où ils se sentent le plus en sécurité car en terrain connu, familier.

Puisque vous connaissez les réseaux sociaux qu'ils privilégient (étape 4), vous êtes en mesure de prioriser vos efforts et d'allouer vos investissements sur les plateformes les plus susceptibles de produire les effets attendus.

Pour chaque réseau social sur lequel vous décidez de vous déployer – si vous n'y étiez pas jusqu'alors – ou de concentrer plus fortement vos activités, vous devez vous assurer que votre page ou compte est optimisé. Cette étape est essentiellement opérationnelle.

Veillez à ce que les informations principales y soient : nom, description, coordonnées, liens vers vos différentes pages et comptes sur les autres plateformes, lien vers votre site Web ou encore éléments de base tels que photo de profil, photo en arrière-plan, etc., dans les formats adaptés selon la plateforme concernée. Pour la description à inclure, précisez à vos clients quelles sont vos intentions et ce qu'ils peuvent espérer recevoir de votre part sur chaque réseau social. En d'autres termes, votre promesse.

Si vous disposez d'un compte Twitter dédié au service client ou si vous comptez en créer un – Twitter étant la plateforme idéale pour le service client *online* –, il est important de le faire connaître au plus grand nombre de vos clients, actuels ou potentiels, et ce, sur les différents canaux de contact. Ajoutez des liens sur votre site Web, votre page Facebook, votre principal compte Twitter, votre page LinkedIn, dans votre *newsletter*, etc. Si vous avez des points de vente, faites en sorte que vos vendeurs et vendeuses en parlent aux clients qui franchissent la porte de vos magasins. Ce service client nouvelle génération est un atout pour votre marque. Autant que le maximum de gens soit au courant de son existence.

Sur les autres plateformes, il s'agit de coupler la gestion des sollicitations exprimées par vos consommateurs avec l'animation de la relation client sur une même page ou compte. L'idéal est d'amener vos clients qui ont un problème à régler à prendre l'habitude de vous solliciter sur Twitter. Prenez toutefois en compte que ce réseau social peut ne pas être encore familier à nombre d'entre eux.

Étape #07 : définir les thèmes à traiter et créer du contenu optimisé

Maintenant que vous avez défini votre identité de marque (étape 1), y inclus la mission que vous allez entreprendre pour aider vos clients dans leur quête, et votre démarche stratégique, le défi consiste à faire comprendre à vos clients que vous êtes LA solution idéale, afin qu'ils se tournent vers vous et choisissent votre marque et vos produits plutôt que d'autres.

Pour y parvenir, vous devez affirmer votre identité et l'exprimer clairement au travers d'un contenu à haute valeur ajoutée. Un contenu représentant de véritables solutions pour vos consommateurs. Ces solutions doivent leur faire prendre conscience qu'en choisissant votre marque, leur quête sera terminée puisqu'ils auront trouvé tout ce qu'ils recherchent. Chez vous.

Vos solutions doivent à la fois correspondre à vos objectifs et offrir de la valeur ajoutée à vos clients. Bien trop d'entreprises passent outre les étapes consistant à définir des objectifs ou à connaître le profil des consommateurs visés. Elles vont directement à la production de contenus supposés engager leur audience, sans intention précise ou sans garantie qu'ils correspondent à ce que leurs clients attendent. Des erreurs fondamentales de premier plan, dans un cas comme dans l'autre.

Cas de figure #01 : se focaliser sur ses objectifs et passer outre la connaissance clients

L'entreprise délivre un contenu plus ou moins agressif et se focalise sur la communication d'informations sur ses produits, plutôt que d'offrir de véritables solutions.

Ce type de contenu n'engage pas les clients qui, au fil du temps, soit perdent tout intérêt pour la marque, soit mettent fin au lien qui les unissait à elle.

Cas de figure #02 : se focaliser sur ses clients et négliger la définition de ses objectifs

L'entreprise offre un contenu divertissant pour ses clients qui réagissent favorablement mais n'atteint aucun objectif précis, puisque rien n'a été défini en amont.

Ce type de contenus ne génère aucun retour sur investissement, l'entreprise avançant certes, mais à l'aveugle, sans aucune direction précise.

Ne commettez pas l'erreur de produire du contenu à tout-va, en espérant qu'il fera réagir votre audience. Soyez-en sûr en élaborant une stratégie payante car basée sur des preuves tangibles... et c'est bel et bien ce que vous ferez en créant votre propre stratégie sur la base du plan que vous êtes en train de découvrir !

Créer du contenu optimisé signifie du contenu qui :

- tient compte des attentes des clients auxquels on s'adresse ;

- respecte les codes de chaque réseau social ;

- n'appartient qu'à une marque en particulier ;

- rend la tonalité relationnelle évidente aux yeux des clients.

Pour provoquer l'envie chez les consommateurs nouvelle génération, il faut les séduire, comme évoqué précédemment, en leur fournissant des solutions en continu. Je recommande donc de remplacer purement et simplement le terme « contenus » par le terme « solutions ». Le fameux contenu à créer (terme à conserver au singulier pour désigner ce qui est partagé de manière générale par une marque sur les réseaux sociaux), que bon nombre de gestionnaires de marque redoutent d'élaborer, est donc composé, non de simples contenus, mais de solutions utiles et enrichissantes. Des solutions qui leur permettent tout à la fois de faire les meilleurs choix de consommation pour eux-mêmes et d'éprouver du plaisir, des émotions fortes.

La distinction entre les deux notions se situe à plusieurs niveaux :

- Les contenus sont généralement produits au hasard. Les solutions sont élaborées de manière cohérente et forment une suite logique pour atteindre un but précis.

- Les contenus fournissent des informations en tous genres à une audience donnée, sans intention précise si ce n'est celle de communiquer sur les produits de l'entreprise. Les solutions fournissent, comme leur nom l'indique, de réelles solutions aux clients avec lesquels l'entreprise communique.

- Les contenus ne sont généralement pas élaborés sur la base d'une connaissance précise des consommateurs à sensibiliser et à mobiliser. Les solutions répondent spécifiquement aux besoins et aux attentes du public cible.

- Les contenus peuvent être futiles, sans intérêt particulier pour les clients. Les solutions, compte tenu de leur intention de répondre aux besoins et aux attentes des clients en quête de produits à consommer ou de sensations à éprouver, vont en profondeur, au cœur même de la quête de ces derniers.

- En publiant des contenus, l'entreprise tient un discours et prononce de belles paroles pour vanter les mérites de ses produits. En partageant des solutions, elle démontre à ses clients sa réelle volonté d'agir dans leur intérêt et leur prouve concrètement qu'elle a très probablement la solution idéale qui correspond à ce qu'ils recherchent.

- Les contenus donnent souvent l'impression que l'entreprise cherche à imposer à ses clients ce qu'elle juge être bon pour eux. Les solutions leur confèrent un sentiment de liberté de choix, d'épanouissement et d'autonomie.

- Les contenus sont d'ordinaire périssables. Hormis celles liées à des actions menées à court terme par l'entreprise, les solutions sont plutôt impérissables, pouvant être consommées à tout moment par les internautes.

Les contenus sont publiés sur les pages, comptes et/ou chaînes d'une marque pour former un empilement sans cesse grandissant de contenus. Un enchaînement de publications, une succession de campagnes sans véritable cohérence entre elles. Sans fil conducteur permettant de guider le client dans sa quête. Des actions et des publications qui n'ont d'autre ambition que d'être vues. Des campagnes pour attirer l'attention de l'audience visée et qui contribuent juste à amplifier le bruit ambiant qui règne sur les réseaux sociaux. Un bruit de plus en plus dérangeant pour les consommateurs connectés qui voient un enchaînement de publications promotionnelles lorsqu'ils parcourent leurs fils d'actualité, à la limite du *spamming*.

En vous concentrant sur la création de solutions plutôt que sur la production de contenus, vous poserez des actes concrets, des solutions précieuses qui se révéleront d'une valeur inestimable aux yeux de vos clients.

Prises collectivement, elles représenteront un ensemble cohérent. Elles apporteront une valeur durable, tant à votre entreprise qu'à vos clients. Des clients qui seront motivés pour revenir proactivement sur vos pages, comptes et/ou chaînes afin de s'informer de ce que vous aurez à leur offrir. Des clients en quête de ce qu'il y a de mieux pour eux et que vous leur offrirez.

En guidant vos clients actuels ou potentiels dans leur quête et en leur proposant des solutions sans jamais rien imposer – leur donnant ainsi le sentiment de liberté qu'ils recherchent pour faire les bons choix pour eux-mêmes, par eux-mêmes –, vous réussirez, au fil du temps, à ce que leur choix final se fasse en votre faveur. Votre offre, représentée notamment par l'ensemble de ces solutions délivrées au quotidien, incarnera LA solution idéale à leurs yeux, puisqu'elle correspondra précisément à ce qu'ils recherchent.

TRANSFORMEZ VOTRE BUSINESS EN UNE MARQUE RELATIONNELLE

SOYEZ UN FOURNISSEUR DE SOLUTIONS, PLUTÔT QU'UN VENDEUR DE PRODUITS.

Delphine Lang

WWW.DELPHINELANG.COM

Lors de l'élaboration de vos publications, cela doit devenir un automatisme de vous poser les deux questions suivantes :

– « Est-ce que l'article que je suis en train d'élaborer et que je compte partager avec mes clients connectés sur tel ou tel réseau social représente bien une solution qui va les aider dans leur quête ? »

– « Est-ce que moi, en tant que client de ma marque, je serais réellement satisfait de recevoir cet article dans mon fil d'actualité, ce qui m'inciterait à vouloir le faire savoir en le *likant*, le commentant ou le partageant avec mon propre réseau de relations ? »

En étant orienté « solutions », vous verrez que vous parviendrez bien plus rapidement à identifier ce qu'il convient de faire pour engager votre audience. Par conséquent, vous vous sentirez beaucoup plus confiants dans votre capacité à créer du contenu que vos clients auront plaisir à consommer et partager.

Je ne le dirai jamais assez : ne vous limitez pas à ce que font les autres. Ne vous contentez pas de publier le même contenu que les autres en négligeant la demande de vos clients, et donc sans apporter de valeur ajoutée nécessaire à sa réalisation. En agissant de la sorte, vous risqueriez de vous coincer vous-mêmes dans une logique contre-productive et inefficace consistant à créer du contenu, le publier et reproduire « ce qui marche » à un instant donné, sans vision vers l'avenir, pour vous et vos clients.

Retenez bien l'essentiel : « Ne dites pas les choses. Agissez concrètement en prouvant à vos clients votre capacité à leur apporter de vraies solutions. »

Il est assez tentant – et facile – de créer un tas de publications avec des titres accrocheurs pour attirer l'attention. Des publications qui vont certainement amener les internautes à réagir, car ils sont habitués à recevoir ce type de contenu à consommer. Mais si vous reproduisez les mêmes choses que vos concurrents, directs ou indirects, pensez-vous sincèrement que vous réussirez à vous distinguer ? Très clairement, non. Ce n'est pas parce que les consommateurs sont habitués à recevoir les mêmes contenus de toutes parts qu'ils n'attendent pas autre chose. Et comme on l'a vu précédemment, c'est bel et bien le cas.

Il n'est pas question de créer plus de contenu, mais de créer du contenu utile et enrichissant qui aide véritablement vos consommateurs en quête de solutions flexibles, conçues pour s'adapter à l'évolution de leurs besoins et de leurs attentes. Des solutions qui amèneront vos clients à se dire qu'en consommant vos produits, tous leurs besoins seront comblés et leurs attentes seront pleinement satisfaites.

Vos solutions doivent représenter des sources de valeur dans la vie quotidienne des gens. Et il y a autant de façons de créer des solutions qu'il y a de situations de recherche de solutions dans lesquelles vos clients se trouvent.

Les solutions à leur apporter doivent être tout ce qu'ils ont toujours rêvé de recevoir dans leurs fils d'actualité. Et vous pouvez y parvenir. Soyez créatif dans le développement de vos solutions, en restant bien concentré sur la résolution de situations.

Concrètement, pour créer vos solutions, prenez la ou les situations dans lesquelles se trouvent les consommateurs auxquels vous vous adressez et dissociez leur quête globale en quêtes isolées à traiter individuellement.

L'objectif ultime est que votre offre dans son ensemble constitue la solution idéale aux yeux de vos clients. L'idée est de décomposer votre offre unique, globale, en unités de solutions que vous allez élaborer pour répondre à chaque quête isolée. Des types de solutions qui, prises collectivement, répondent efficacement à leurs besoins élaborés (besoin de sécurité, d'appartenance, d'estime et d'accomplissement de soi) et leurs attentes.

Vos clients doivent pouvoir se retrouver dans un seul et même « lieu », composé par vos pages, comptes et/ou chaînes mais également votre site Internet ou votre blog, et obtenir toutes les solutions qu'ils recherchent. L'organisation de vos solutions doit être cohérente et leur diffusion doit être judicieuse, harmonieuse afin de permettre à vos clients de trouver aisément et rapidement tout ce dont ils ont besoin, les amenant à se dire qu'ils ont trouvé ce qu'ils cherchaient et à faire leur choix en votre faveur.

Privilégiez toujours la qualité à la quantité. Évitez la surcharge de publications, qui est une conséquence directe de la démarche traditionnelle consistant à créer, publier et reproduire en boucle. Une surabondance de publications polluerait les fils d'actualité de vos consommateurs connectés plutôt que de les enrichir. Le risque est aussi que votre contenu de valeur se retrouve noyé, perdu parmi une pléthore de publications qui se focalisent sur la communication d'informations au sujet de vos produits et qui sont destinées très clairement à inciter le client à acheter. Vos pages et comptes ne doivent pas ressembler à des murs de texte, mais à un ensemble cohérent qui forme une ressource précieuse de solutions.

Générer des opportunités de vente exige de capter, d'entretenir et de retenir l'attention des membres de votre communauté *online* dans la durée pour qu'ils se convertissent en clients engagés et fidèles. Contrairement aux contenus, c'est bien ce que permet un juste équilibre entre solutions utiles et enrichissantes.

Veillez à alterner la publication de solutions utiles et celle de solutions enrichissantes, ainsi que celle de chaque type de solutions, tout en conservant une certaine logique dans la diffusion des publications relatives à une quête isolée. L'idée est de viser l'équilibre parfait entre raison et émotions. Il n'y a pas de « règle » à ce niveau-là, donc à vous de trouver le vôtre.

De manière générale, vos solutions doivent aider à faciliter le passage de l'engagement à l'égard de votre marque via les réseaux sociaux à l'achat de vos produits, *online* ou *offline*. Cela dit, vos clients doivent tirer de la valeur de vos solutions : celles-ci doivent leur « servir » efficacement, sans toujours qu'ils achètent absolument vos produits puisque, comme on l'a vu précédemment, ils peuvent aussi vous servir d'alliés de taille en véhiculant vos actions sur les réseaux sociaux et en dehors.

Pour chaque solution que vous publiez, assurez-vous d'apporter de la valeur à vos clients en restant fidèle à l'identité de votre marque afin de consolider une position claire dans l'esprit de votre public cible.

En étant utiles et en ayant de la valeur aux yeux de vos clients, vos solutions favoriseront la visibilité organique – c'est-à-dire naturelle, sans avoir à investir dans la publicité – de vos publications. Elles seront donc davantage visibles dans les fils d'actualité des internautes, ce qui réduira la nécessité de devoir payer encore et toujours plus pour qu'elles soient vues. Des solutions appropriées, pertinentes, étant, en toute logique, plus susceptibles d'être virales.

Leur visibilité naturelle évoluera, certes moins rapidement que celle obtenue via des campagnes publicitaires à gros budgets, mais sûrement dans la bonne direction. Restez patient et surtout constant dans vos efforts. À plus ou moins long terme – en fonction notamment de votre implication –, vous verrez que les résultats seront au rendez-vous. Des résultats bénéfiques pour la croissance et le développement de vos activités sur le long terme.

Gardez à l'esprit la promesse suivante : « De l'unicité de l'expérience à vivre à la diversité des solutions à partager ». Alors que vos publications doivent être diversifiées, votre intention, votre histoire, votre voix et votre identité visuelle se doivent d'être uniques sur toutes les plateformes. Rien ne doit sembler appartenir à un autre univers qu'à celui de votre marque, pour permettre une différenciation marquée de vos publications parmi toutes celles que vos clients voient dans leurs fils d'actualité.

Avec la rapidité à laquelle les utilisateurs de réseaux sociaux parcourent les publications, une identité forte s'avère essentielle si vous voulez réussir à vous démarquer. Ils pourront ainsi aisément associer votre contenu à votre marque.

L'expérience que vous allez proposer à vos clients doit être conçue pour transmettre des émotions avant tout. Pour cela, mettez en valeur l'aspect visuel. Évitez de surcharger vos publications avec trop de texte et, dans la mesure du possible, insérez des photos ou des vidéos dans chacune d'elles.

Utilisez des mots et créez des images et vidéos propres à votre marque, que vos clients pourront facilement s'approprier.

Soyez authentique et adoptez les mêmes codes de langage que les personnes auxquelles vous vous adressez. Quand cela s'avère nécessaire, déclinez vos publications en plusieurs versions. On ne parle pas de la même façon à un jeune qu'à un senior ! Leurs codes de langage sont différents et chacun des deux groupes cibles sera motivé à réagir par le biais de publications élaborées différemment.

Si vos produits sont commercialisés dans plusieurs pays et si vous disposez d'une page, d'un compte et/ou d'une chaîne propre à chaque pays, il ne suffit pas de traduire les contenus dans toutes les langues pour prouver l'attention que vous portez à vos consommateurs présents dans différents pays. Adapter les contenus en tenant compte des spécificités propres à chaque pays peut faire toute la différence pour toucher les gens. Cela leur donnera l'agréable impression que vous les comprenez vraiment. Par conséquent, si vous gérez une marque internationale, ajoutez une touche locale pour sensibiliser encore plus fortement vos clients.

Étape #08 : établir un calendrier de publications

Une fois vos solutions créées, il faut définir la fréquence de publication et à quels moments (jours et heures) vous allez publier.

Gardez à l'esprit que la fréquence des publications d'une marque est retenue par les internautes. S'ils constatent que celle-ci n'est pas respectée, ils peuvent très rapidement se détourner de la marque en question, déçus qu'elle n'ait pas fait le nécessaire pour entretenir la relation avec eux. C'est comme si les quotidiens décidaient de ne pas être dans les kiosques certains jours de la semaine ou du week-end par manque de choses à dire. Les internautes sont impitoyables pour cela, donc évitez de décevoir votre public.

Élaborer un calendrier de publications est relativement simple à partir du moment où l'on connaît les éléments à y inclure, à savoir : date, jour, heure, thème, contenu texte, média (photo ou vidéo), url, *hashtag*, validé (oui/non). Tout cela doit être repris dans un document de type fichier Excel®.

Considérez votre calendrier de publications comme une banque de solutions, dans laquelle vous stockerez les deux catégories de solutions – au-delà des deux types de solutions que sont les solutions utiles et les solutions enrichissantes – que vous publierez sur chaque réseau social :

– les solutions « intemporelles », qui peuvent être publiées à tout moment car d'ordre général ;

– les solutions « temporelles », que vous voulez partager avec votre audience à un moment bien précis.

Assurez-vous toujours d'avoir des publications en suffisance dans votre banque de solutions. Idéalement, pour les trois prochains mois.

Si, certains jours, vous n'avez pas de solution temporelle à publier, vous aurez alors un stock de solutions intemporelles en réserve. Cela permettra de conserver l'attention de votre audience les jours où vous n'avez pas d'actualité particulière et, par la même occasion, de maintenir le lien avec vos clients. Vous l'avez maintenant compris : à vous d'entretenir la flamme !

Étape #09 : mettre en place une base de connaissance clients

Bien que ce soit encore une pratique courante, les segmentations traditionnelles n'ont plus de sens. Les consommateurs d'aujourd'hui ne tiennent plus dans les boîtes où on les avait placés auparavant. Le client doit désormais être appréhendé sous plusieurs dimensions : temps, espace et environnement.
Un même client est capable de déjeuner le midi dans un *fast-food* et le soir dans un restaurant étoilé. Il peut exercer une profession dite « supérieure », avoir un train de vie élevé et préférer rouler en Smart pour le peu de place qu'elle occupe, voire ne pas s'encombrer d'une voiture. Il peut avoir les moyens de s'offrir une croisière mais préférer de multiples voyages achetés au dernier moment en promotion sur Internet.

Si un client donne des informations le concernant à une entreprise, il attend qu'elle en fasse bon usage. Et surtout qu'elle en fasse usage ! La confiance qu'il a en la manière dont elle utilisera les données qu'il lui confie se doit d'être respectée.

La digitalisation de la relation client sous-entend nécessairement un équipement pour pouvoir centraliser et organiser les données récoltées au sujet de vos clients. Avant d'investir dans un logiciel CRM[16] (*customer relationship management*, pour gestion de la relation clients en français), identifiez précisément ce dont vous avez réellement besoin comme équipement pour réussir à offrir la meilleure expérience possible à vos clients.

Implémentez une base de connaissance commune aux différents canaux de contact, dans laquelle vous centraliserez les données et stockerez toutes les interactions que vous aurez eues avec vos clients via les divers canaux. Cette base de données vous permettra d'affiner la connaissance que vous aurez de vos clients et de leur parcours d'achat. Vous serez dès lors en mesure de proposer une expérience personnalisée à chacun d'eux, en assurant la cohérence du contenu délivré, quel que soit le canal choisi par le client.

Captez toutes les données stratégiques sur chaque client grâce à sa carte de fidélité, son suivi *online* ou encore la géolocalisation éventuelle sur son smartphone, son parcours d'achat *online* et en magasin, son rythme de fréquentation de vos points de vente, la manière dont il surfe sur Internet, etc. La personnalisation est clé pour attirer au final plus de clients, *online* comme *offline*.

---

16. Logiciel informatique qui permet de gérer la relation d'une entreprise avec ses clients.

En disposant de l'historique des interactions que vous aurez eues avec vos clients au travers de votre base de données, vous pourrez modéliser les mouvements de chaque client, extranaute et internaute et faire les interconnexions qui s'imposent. Vous serez alors en mesure d'offrir à chaque client une expérience personnalisée (promotions personnalisées, recommandations de produits, programmes de fidélité) et de lui répondre de manière appropriée, quel que soit le canal de contact utilisé. Utilisez donc toutes les informations multisources sur le client en usant des technologies pour viser l'ultrapersonnalisation de l'expérience à vivre et adapter la relation à chaque client.

À vous d'assurer un service client d'excellence, en parfaite adéquation avec ce que les clients attendent de vous. Cela impose nécessairement d'adopter une vision unique du client, sans tenir compte du ou des canaux qu'il utilise pour entrer en contact avec vous.

Disposer d'une base de connaissance clients commune aux différents départements de votre entreprise vous permettra également d'identifier voire d'anticiper certains problèmes, aussi bien que de nouvelles opportunités. Vous serez ainsi en mesure d'adapter vos actions en conséquence et d'assurer la fluidité entre les canaux au service de vos clients – par exemple, offrir au client la possibilité de faire ses achats *online* et, s'il le souhaite, passer les récupérer en magasin.

Dans la mesure du possible, adressez-vous à chaque client personnellement en ajustant vos messages et vos offres. L'idée est de communiquer au bon moment et sur les bons canaux de contact, afin d'inciter vos clients à réagir à vos messages et à consommer vos produits plus fortement et durablement.

Face à un marché très hétérogène, une segmentation avancée est indispensable pour devancer les attentes de vos consommateurs et vous démarquer de vos concurrents.

La segmentation consiste à découper un groupe cible, composé d'individus ayant des caractéristiques et des comportements divers et variés, en sous-ensembles homogènes et distincts. L'objectif étant de s'adresser à chaque segment de clientèle de manière appropriée, en tenant compte des caractéristiques et comportements qui distinguent les individus qui le composent de ceux des autres segments.

Une segmentation efficace et profitable d'un groupe de consommateurs à cibler passe par la nécessité d'identifier des critères de segmentation liés aux caractéristiques propres aux individus. Des caractéristiques qui expliquent leurs comportements de consommation.

Il existe quatre principaux types de critères[17].

Les critères sociodémographiques

Ce sont les critères les plus fréquemment utilisés car ils génèrent des segments homogènes et accessibles.

Types de critères : sexe, âge, nombre d'individus dans le foyer, nationalité, niveau d'instruction, revenus, taille, poids, profession et catégorie sociale.

Les critères géographiques

Ils ont trait aux différences relatives aux modes de vie, aux climats et aux traditions.

Types de critères : lieu d'habitation (pays, ville, urbain *vs* rural, etc.), climat (froid, chaud ou tempéré), type d'habitation (collectif *vs* individuel, résidence principale *vs* secondaire).

---

17. Cf. bibliographie, n° 5.

Les critères comportementaux

Ils permettent de regrouper les consommateurs en sous-ensembles homogènes du point de vue de leurs attitudes et de leurs comportements.

Types de critères : niveau de consommation (petit, moyen ou gros consommateur), niveau d'engagement (internaute peu, moyennement ou très engagé), habitudes et situations d'achat (achats réguliers ou non, en boutique ou *online*, achat personnel ou pour offrir), avantages recherchés (qualité, services, etc.), degré de fidélité (client régulier ou occasionnel, non exclusif ou infidèle), circuit de distribution préféré (boutiques de marque ou grandes enseignes), consommation des médias (TV, réseaux sociaux, presse, etc.).

Les critères psychographiques

Ils sont désormais quasi indispensables à prendre en considération car l'usage des critères précédents ne révèle pas toujours des segments exploitables. Les individus au sein d'un même groupe démographique peuvent présenter des profils psychographiques très différents.

Types de critères : personnalité (introverti *vs* extraverti), attitude (actif, passif, réaliste, sceptique, en quête d'avis et de conseils, etc.), activités de loisirs, centres d'intérêt (santé, mode, etc.), opinions sur des sujets particuliers (ouverture sur le monde, croyance que l'on peut rendre le monde meilleur, etc.).

Pour aboutir à une segmentation idéale, les critères doivent être choisis en fonction de :

– leur pertinence : plus le critère retenu est étroitement lié aux attitudes et aux comportements des consommateurs, plus il est intéressant et donc à prendre en compte ;

LA QUALITÉ DE L'EXPÉRIENCE CLIENT EST CE QUI PEUT FAIRE TOUTE LA DIFFÉRENCE ENTRE CONCRÉTISER DES VENTES OU VOIR VOS CLIENTS PARTIR À LA CONCURRENCE.

Delphine Lang

WWW.DELPHINELANG.COM

– leur mesurabilité : un critère pertinent doit permettre d'évaluer la taille de chacun des segments en direction desquels des actions spécifiques seront menées ;

– leur accessibilité : l'exploitation d'un critère sera d'autant plus pertinente que celui-ci permettra d'atteindre des segments accessibles.

Quant à sa mise en œuvre, elle implique trois étapes :

1. Identifiez les critères utilisables pour le groupe de consommateurs à cibler. Privilégiez des critères distinctifs qui vous permettront de vous démarquer de vos concurrents.

2. Opérez un maximum de simulations avec les critères de segmentation retenus afin d'identifier ceux qui sont réellement pertinents.

3. Conservez les critères qui ont permis d'atteindre les meilleurs résultats, tout en restant en mode *test and learn*.

L'objectif est d'aboutir à une segmentation efficace et opérationnelle.

Sachez enfin que, pour enrichir votre base de connaissance clients, il existe différentes actions. N'hésitez pas à multiplier les dispositifs de collecte d'informations et à inviter vos clients à faire part de leurs goûts et de leurs centres d'intérêt dans un espace personnel *online* que vous aurez créé spécialement pour eux sur votre site Web.

Grâce à une gestion intelligente des données relatives à vos clients, vous serez capable d'identifier l'insatisfaction potentielle avant qu'elle ne soit exprimée par les clients sur les réseaux sociaux. Vous serez dès lors en mesure de prévoir et d'anticiper leurs comportements, ce qui vous permettra indubitablement d'augmenter leur satisfaction. En toute connaissance de cause, vous serez en mesure d'agir en conséquence.

Étape #10 : mesurer sa performance et ajuster sa stratégie

Pour cette ultime étape, analysez – vos objectifs sous la main – l'efficacité de vos activités, en vous posant les questions suivantes :

– Ont-elles été efficaces pour engager vos clients ?

– Quels sont les types de contenu qui ont le plus fonctionné ? Quels sont ceux qui ont moins bien fonctionné ou n'ont pas fonctionné du tout ?

– Vos communautés sur les différents réseaux sociaux ont-elles grandi ou stagnent-elles ?

Suivez les bons KPI (*key performance indicators,* pour indicateurs de performance clés en français) pour être conscients de la situation réelle. Dans la partie V, vous découvrirez comment mesurer avec pertinence et fiabilité votre ROI (*return on investment,* pour retour sur investissement en français) social.

Sur la base des données rassemblées, tirez des enseignements et identifiez les erreurs que vous auriez pu commettre. Il est important de bien comprendre ce qui fait sens chez les internautes et, pour ce faire, il est nécessaire d'effectuer un certain nombre d'essais, voire d'erreurs, pour en comprendre les subtilités et ne plus les répéter. Vous placer en mode *test and learn* est essentiel pour déterminer les actions les plus efficaces.

Une fois les conclusions tirées, ajustez votre stratégie en conséquence afin d'atteindre de meilleurs résultats. Si un type de solutions a particulièrement bien fonctionné, il est judicieux de la reprogrammer dans votre calendrier de publications. À l'inverse, un type de solutions qui a peu fait réagir les internautes n'aura vraisemblablement plus jamais sa place parmi vos prochaines publications.

Se rapprocher de vos clients en tirant pleinement profit de toutes les opportunités offertes par les réseaux sociaux en matière de dialogue, d'échange et de partage vous permettra de récolter des suggestions d'amélioration et de toujours mieux cerner leurs besoins et leurs attentes.

Tout grand accomplissement demande du temps. Soyez patient et prenez le temps nécessaire pour élaborer votre propre stratégie sur la base de l'approche SocialKind® que vous venez de découvrir. Une stratégie qui sera la vôtre, unique et qui vous distinguera de vos concurrents. Une stratégie claire et cohérente qui vous permettra de bâtir, maintenir et renforcer des relations de confiance avec vos clients. C'est la garantie d'un succès pérenne et enrichissant pour tous.

Un dernier point essentiel : faites connaître à tous les collaborateurs les contributions de vos activités à l'expansion et au succès de votre entreprise dans son ensemble. Une bonne connaissance des résultats par tous les membres du personnel est nécessaire pour assurer leur engagement dans les actions menées sur les réseaux sociaux.

3. Comment agir : adopter les 12 meilleures pratiques fondamentales

Dans le cadre de la mise en œuvre de votre stratégie, il sera indispensable que vous suiviez une série de pratiques fondamentales pour assurer sa réussite.

Douze meilleures pratiques fondamentales à adopter.

Pratique #01 : utiliser les codes propres aux réseaux sociaux

Il est indispensable que vous maîtrisiez les codes propres aux réseaux sociaux afin de démontrer du professionnalisme, mais surtout d'être efficace dans vos communications et de perdre le moins de temps possible dans l'élaboration de vos publications.

Certains codes sont communs à toutes les plateformes, tandis que d'autres sont spécifiques à une ou plusieurs plateformes.

Utilisez par exemple les *smileys* sur les différentes plateformes pour créer de l'empathie, les *hashtags* pour que les internautes qui sont concernés par vos produits puissent retrouver vos publications lorsqu'ils font une recherche sur Instagram ou sur Twitter. Sur Twitter spécifiquement, familiarisez-vous avec la forme d'écriture simplifiée pour la rédaction des *tweets*, les abréviations courantes telles que bjr (bonjour) ou DM (*direct message*, pour message direct en français)... Et bien d'autres codes qu'il vous faut connaître absolument et que vous trouverez aisément via les moteurs de recherche sur Internet.

Pratique #02 : publier régulièrement et au bon moment

Il est primordial de savoir quels sont les meilleurs moments de la journée pour publier votre contenu. Une question qui s'avère d'autant plus déterminante qu'elle peut rythmer à elle seule la performance obtenue par vos publications. Imaginez que vous publiez un article ou une vidéo sur votre page Facebook ou votre chaîne YouTube mais qu'ils passent inaperçus pour la simple et bonne raison que votre audience est en train de dormir... Tous ces efforts pour finalement n'être vus par personne. Il s'agit donc d'éviter au maximum de se retrouver dans cette fâcheuse situation en ayant connaissance du bon *timing* pour publier.

Les utilisateurs des réseaux sociaux désirent que les entreprises leur offrent régulièrement du contenu enrichi sur leurs marques préférées. Ils ne retournent proactivement sur la page Facebook ou le compte Instagram d'une marque que si celle-ci a réussi à leur prouver qu'ils pouvaient compter sur elle pour leur raconter chaque jour de nouvelles histoires.

La nature même des plateformes change constamment et la visibilité organique du contenu publié ne cesse de diminuer sur chacune d'elles. D'où l'importance de maintenir une fréquence régulière de ses publications.

L'explication de l'importance de publier aussi régulièrement que possible – l'idéal étant une publication par jour minimum – se trouve dans l'algorithme d'une plateforme telle que Facebook. Un algorithme qui régit la diffusion des publications dans le fil d'actualité des utilisateurs sur la base de certaines règles. Des règles propres à chaque plateforme. Sur Facebook, priorité est donnée aux contenus publiés par les entreprises les plus « fortes », c'est-à-dire celles qui amplifient et/ou qui ont compris les règles du jeu, au détriment des plus « faibles », c'est-à-dire celles qui n'amplifient pas et/ou qui sont présentes sans connaître les règles du jeu.

L'algorithme de Facebook se compose de trois variables :

- Affinité : plus un fan de votre page réagit à vos publications, plus vos contenus seront visibles dans son fil d'actualité. Si son engagement diminue – et donc qu'il s'intéresse moins à ce que vous publiez –, la visibilité de vos publications dans son fil d'actualité diminuera également ;

- Fréquence : une publication récente aura plus de chances de se placer dans le haut du classement et donc d'être visible dans le fil d'actualité de vos fans ;

- Poids : le fait que vous intégriez des photos, des vidéos, des statuts, des offres et des liens dans vos publications va favoriser leur visibilité, aussi bien que le nombre de réactions (*likes*, commentaires, partages, clics sur les liens, etc.) générées sur chacune d'entre elles.

Pour augmenter la visibilité naturelle de vos publications, vous devez donc veiller à conserver l'affinité entre votre marque et vos fans, publier régulièrement, intégrer les « bons » éléments, et veiller à publier du contenu qui les fera réagir.

Un fil d'actualité est un espace limité. Un espace limité pour de plus en plus d'acteurs qui entrent dans la course. Et donc une hausse constante du nombre de publications diffusées chaque jour sur la plateforme. Facebook est dès lors contraint de mettre des règles plus « drastiques » et donner une place plus importante à ceux qui paient pour des campagnes publicitaires dans le fil d'actualité de ses utilisateurs. Que l'on trouve ça juste ou pas, c'est assez logique.

Cependant, contrairement à la pensée commune selon laquelle la visibilité organique des publications est définitivement morte, obligeant à payer pour être vu, il existe encore de multiples façons de la tirer vers le haut. Au lieu de vous focaliser sur l'amplification de la visibilité de votre contenu en investissant dans des campagnes publicitaires, concentrez-vous surtout sur l'élaboration de contenu qui sera recherché par vos clients, ce qui les incitera à s'engager et à se rendre proactivement sur votre page Facebook, votre compte Twitter ou Instagram, etc. Il va de soi que des campagnes publicitaires seront nécessaires et indispensables, mais investissez dans des campagnes pour booster la visibilité du contenu que vous aurez créé en ayant l'assurance qu'il intéressera votre public et lui plaira et que celui-ci réagira en masse.

Une activité soutenue avec du contenu à haute valeur ajoutée permet indubitablement de booster la visibilité organique de vos publications. De la constance dans les efforts, sans baisser la garde, produira des effets visibles dans la durée.

En étant au contact quotidien de votre audience, vous allez acquérir une connaissance approfondie de vos clients et vous serez ainsi plus apte à mieux les servir. Vous serez alors capable de renforcer vos compétences, d'en acquérir de nouvelles et, dès lors, d'améliorer votre offre en continu afin qu'elle corresponde spécifiquement à ce qu'ils attendent de vous.

Pratique #03 : assurer une veille constante

Chaque marque souhaite donner au public une image positive d'elle et de ses produits qui vise à être puissamment ancrée dans l'esprit des clients. L'enjeu est de se démarquer. D'être distinct de la concurrence.

S'il est facile et agréable de recevoir des compliments, vous connaissez peut-être l'adage qui dit que le négatif fait toujours plus de bruit que le positif. Plus votre marque est reconnue, plus vous vous exposez à l'insatisfaction de vos clients (puisqu'en plus grand nombre).

Il est parfois difficile de maîtriser toute la chaîne commerciale et lorsqu'un maillon coince, les gestionnaires de marque se trouvent en première ligne pour faire face aux clients mécontents.

De nos jours, les consommateurs ont un pouvoir sans précédent sur la réputation d'une marque. Si un client a une mauvaise expérience avec une marque, il va chercher à lui nuire en écrivant directement un message ou en relayant l'information exprimée par d'autres internautes. Si l'entreprise, par l'intermédiaire de ses gestionnaires de marque, ne réagit pas directement, elle augmente le risque qu'un *bad buzz* se produise. Un phénomène qui peut fortement endommager son image. Le moindre manquement peut avoir des conséquences dramatiques et transformer un simple contentieux autrefois assez banal en gestion de crise à grande échelle.

Assurer une veille constante de ce que les internautes disent de votre marque est donc indispensable pour gérer efficacement votre réputation *online.* Identifiez toutes les réactions de vos clients, les discussions qui en découlent et ceux qui y participent, afin d'être en mesure de répondre immédiatement à un conflit avant que les choses ne s'enveniment.

Être aux aguets est idéal pour prouver à vos clients que vous êtes attentif à leurs problèmes ou à leurs critiques et que vous en tenez compte pour améliorer ce qui doit l'être. Une implication active est la recette contre la méfiance et la critique gratuite, surtout quand elle est facile vu le secteur (téléphonie, par exemple). Si les internautes savent que vous êtes là pour répondre aux réactions des consommateurs, il est clair que certains réfléchiront à deux fois avant de se lâcher...

Il est bien évidemment important de mettre en place des ressources suffisantes pour que les plateformes via lesquelles les clients peuvent vous solliciter soient parfaitement opérationnelles. Il faut un nombre de personnes suffisant, un suivi continu et du personnel qualifié, en relation avec les autres départements de l'entreprise. Dans certains cas, une permanence le week-end peut s'avérer nécessaire (les entreprises actives dans le secteur de la téléphonie en sont un parfait exemple).

Cette allocation de ressources en suffisance et cette professionnalisation sont essentielles pour pouvoir traiter et répondre rapidement et efficacement à toutes les sollicitations de vos clients.

Pratique #04 : traiter toutes les sollicitations

Toute mention de votre marque – tout particulièrement les plaintes, les demandes d'informations ou les suggestions – sur les différents lieux de discussions doit être prise en considération, ce qui nécessite d'effectuer une veille permanente sur vos produits, votre marque et votre entreprise.

Les consommateurs ne parlent pas de leurs problèmes uniquement sur votre page Facebook, votre compte Twitter ou votre blog. Ils le font également dans les forums, sur leur propre blog, sur les sites d'avis de consommateurs, etc.

Grâce aux *hashtags* sur les réseaux sociaux par exemple, vous pouvez être informé en temps réel de ce qui se dit, de positif ou de négatif, sur vous et votre marque, ce qui vous permettra de réagir immédiatement. Assurez-vous d'activer les notifications *push* sur vos smartphones pour suivre les réactions des internautes à l'instant où ils les expriment sur les différentes plateformes.

Il est important de déterminer les degrés de priorité et d'urgence des sollicitations des clients, pour ensuite les hiérarchiser et traiter les requêtes prioritaires avant les autres. Certaines sont en effet secondaires – ce qui ne doit pas vous empêcher d'y répondre –, tandis que d'autres sont prioritaires et nécessitent une réponse rapide, voire immédiate. Pour illustration, la requête d'un client mécontent d'un produit défectueux ou d'un centre d'appels indisponible passe avant le traitement d'une demande d'information générale ou d'une suggestion.

Dans tous les cas, vous devez démontrer à chaque client qu'il est important pour vous en prenant particulièrement soin de répondre à toutes les sollicitations.

Pratique #05 : adopter une écoute attentive et empathique

Pour répondre aux problèmes publiés sur les réseaux sociaux, il est indispensable de se montrer compréhensif. N'avez-vous jamais connu ce sentiment frustrant face à la réception d'une commande erronée ou défectueuse ? N'êtes-vous jamais ressorti en colère d'un magasin où vous avez été mal accueilli ? Rappelez-vous ces moments et demandez-vous comment vous auriez aimé être traité au moment de la réclamation. Avec empathie, sympathie et efficacité, très certainement. Eh bien, traitez vos clients comme vous aimeriez être traités.

Même si ce n'est bien souvent pas le cas, le client a toujours le sentiment que son problème est unique et il exige que les gestionnaires de marque avec lesquels il est amené à entrer en contact via les réseaux sociaux fassent preuve d'écoute.

Pour répondre de manière appropriée à un client, il est primordial de bien percevoir le sens de sa requête, ce qui passe par une « écoute[18] » attentive et empathique. Laissez le temps au client d'expliquer son problème. Même si vous avez déjà eu à traiter maintes et maintes fois le problème rencontré, le client doit ressentir que vous êtes pleinement à l'écoute. Évitez donc de réagir d'emblée en lui donnant une réponse formatée qui pourrait lui donner la fâcheuse et désagréable impression de n'être qu'un numéro.

Écoutez tout ce qu'il a à vous dire. Une fois ses explications terminées et que vous avez bien cerné son problème, vous êtes en mesure de lui répondre, mais pas avant. Deux cas de figure : soit ce problème peut être résolu immédiatement, soit vous devez obtenir de plus amples renseignements avant de lui apporter une solution. Dans ce cas-là, informez le client de la manière dont vous allez résoudre son problème et dans quel délai vous reviendrez vers lui.

Faites comprendre à votre client que vous êtes de son côté et que vous réagiriez très probablement de la même façon si cela vous arrivait, grâce à des termes comme « Je comprends » ou « Je vous remercie de nous avoir alertés de ce dysfonctionnement ».

---

18. Bien que vous soyez en l'occurrence en interaction avec vos clients via les réseaux sociaux, l'écoute doit se ressentir dans les réponses que vous leur donnez.

Si vous ne pouvez rien faire, dites-le à votre client. Il n'est pas toujours possible de trouver une solution à tous les problèmes rencontrés par votre clientèle, ce qui ne doit pas vous amener à faire la sourde oreille. Ne supprimez donc pas les commentaires négatifs... sauf les critiques gratuites et les attaques sans fondement.

Faites preuve d'une écoute attentive et empathique, cela sera inévitablement ressenti par vos consommateurs connectés, ce qui permettra de renforcer leur confiance à l'égard de votre marque et de votre entreprise.

Pratique #06 : répondre rapidement

Les clients espèrent pouvoir contacter quelqu'un à tout moment, peu importe où ils se trouvent, et espèrent recevoir une réponse rapide via le canal de contact de leur choix afin de régler leurs problèmes.

De nos jours, ils se tournent de plus en plus vers les réseaux sociaux pour solliciter les gestionnaires de marque et leur faire part de leurs problèmes ou leur demander des informations complémentaires avant ou après achat. Rien de plus simple que d'écrire un commentaire sur une publication ou envoyer un message via la page Facebook d'une marque, ou publier un *tweet* sur son compte Twitter. Gain de temps et d'énergie assuré, au contraire d'un appel téléphonique, obligeant le client à subir l'interminable attente en ligne, ou d'un envoi d'email, en espérant qu'il sera vu par son destinataire.

Compte tenu des attentes des consommateurs connectés, vous devez démontrer votre capacité à respecter la notion d'instantanéité propre aux réseaux sociaux et démontrer une réactivité aussi immédiate que possible. Il est de votre devoir de réagir rapidement à toute sollicitation de la part de vos clients afin de leur prouver qu'ils peuvent compter sur vous pour recevoir une réponse tout aussi rapide, voire plus rapide, que par téléphone ou par email. Cela implique d'assurer une présence les jours et heures auxquels vos consommateurs sont connectés – week-ends compris.

Vous devez aussi éviter l'effet « boule de neige » à la suite du problème d'un client qui n'aurait pas été traité, incitant d'autres clients à réagir négativement. Ne laissez pas l'occasion à d'autres clients mécontents qui ne se seraient pas encore exprimés de partager leur insatisfaction publiquement.

S'il est impossible d'apporter une réponse à toutes les requêtes des clients dans les délais qu'ils espèrent, il est de votre devoir de leur démontrer que vous avez pris en compte leurs demandes et que vous allez faire votre maximum pour les satisfaire. Cela évitera qu'ils perdent patience et expriment leur mécontentement en cas de non-réaction de votre part.

Faites votre maximum pour répondre à toute sollicitation d'un client, actuel ou potentiel, dans les vingt-quatre heures, sur le même canal que celui via lequel il vous a sollicité, que ce soit pour lui dire que vous avez trouvé une solution à son problème ou lui signifier que vous avez pris sa requête en considération et que vous reviendrez vers lui le plus rapidement possible avec une solution à son problème. Une simple action telle qu'une réponse appropriée en temps voulu – même si ce n'est pas la solution attendue – peut parfois faire toute la différence aux yeux de vos clients.

Ne vous sentez toutefois pas obligé de donner une solution immédiatement. Il se peut que vous ayez à mener quelques recherches ou à passer quelques coups de téléphone pour obtenir une réponse précise (par exemple, contacter vos vendeurs en boutique). Assurez-vous cependant d'apporter une réponse finale à toute personne qui vous a sollicité et à laquelle vous avez répondu une première fois, que vous ayez pu résoudre son problème ou pas.

Assurez une présence réactive mais ne faites pas de fausses promesses en vous engageant sur des délais que vous ne pourriez pas tenir, comme, par exemple, une réponse dans l'heure que vous seriez incapable d'apporter pour une quelconque raison. Cela pourrait augmenter la frustration et l'insatisfaction des clients, ce qui est à éviter à tout prix.

Si vous disposez d'un compte Twitter dédié au service client, pensez à indiquer aux internautes les heures où vous êtes absent ou indisponible, pour qu'ils sachent que leur demande ne pourra être lue dans l'immédiat et à quel moment vous serez à nouveau joignable et disponible. Précisez le temps d'absence ou d'indisponibilité via un message du type « On se retrouve dès demain à partir de 8 h. Bonne soirée à tous ! ». Il en va de même pour prévenir de votre présence le matin et de l'heure à partir de laquelle vous êtes joignable, en leur souhaitant une « Bonne journée ! ».

N'utilisez pas de termes techniques que vous êtes le seul à maîtriser, ce qui créerait de l'incompréhension du côté des clients et les amènerait à mettre en doute l'efficacité de votre service client.

Reflétez l'image d'une entreprise humaine et proche de vos clients en signant les messages que vous publiez en réponse aux sollicitations de vos consommateurs connectés. Le suivi client est alors encore plus personnalisé, ce qui contribue à accroître le niveau de satisfaction de ces derniers. Cela a également un côté rassurant pour le client qui, qu'il ait déjà eu affaire ou pas à votre service client, se dira qu'il y a bien des « êtres humains » derrière la marque avec laquelle il est en lien via les réseaux sociaux. Des individus auxquels il s'adressera directement le jour où il aura éventuellement besoin de les solliciter (à nouveau). Mettre en avant de la sorte les responsables de la relation client au sein de votre entreprise permettra indubitablement de renforcer plus fortement la confiance de vos consommateurs à l'égard de votre marque.

TRANSFORMEZ VOTRE BUSINESS EN UNE MARQUE RELATIONNELLE

DONNEZ À VOS CLIENTS CONNECTÉS L'OPPORTUNITÉ DE SE SENTIR VALORISÉS, IMPLIQUÉS ET ÉCOUTÉS, TOUT SIMPLEMENT PARCE QUE CE SONT DES GENS COMME VOUS ET MOI.

Delphine Lang

WWW.DELPHINELANG.COM

Pratique #07 : participer aux discussions

Gardez toujours à l'esprit que la relation client est à double sens. Si les consommateurs partagent avec vous leurs opinions sur votre marque et vos produits, ils attendent que vous vous impliquiez tout autant, notamment en participant aux échanges.

Gérer la relation sur les réseaux sociaux est une forme d'engagement, avec du côté des clients, des exigences en termes de réactivité, de flexibilité du dialogue, de solutions apportées... Trop d'entreprises agissent comme si les réseaux sociaux étaient des panneaux d'affichage « gratuits », en se limitant à promouvoir leurs produits, et négligent ou ignorent totalement l'aspect relationnel. La frontière entre l'autopromotion et le *spamming* est mince, et les clients se détourneront très rapidement de vous s'ils constatent que vous n'êtes pas impliqué. Plus qu'un discours, établissez donc une communication dans les deux sens. Gardez toujours à l'esprit que, pour que vos clients s'engagent, vous devez vous engager vous aussi.

Au moment où ils auront besoin d'acheter des produits que vous commercialisez, les consommateurs auront plus facilement tendance à se tourner vers vous, encore plus si vous leur avez déjà démontré votre réactivité et votre efficacité.

Pour le client qui n'a pas encore consommé vos produits, il se rassurera de voir que, si un problème venait à survenir après achat, vous seriez là pour le prendre en charge et le résoudre.

L'engagement que vous démontrerez sur les réseaux sociaux permettra indubitablement à vos clients, actuels ou potentiels, de se sentir rassurés, ce qui est indispensable pour développer leur confiance à l'égard de votre marque.

Pratique #08 : guider et orienter

Tous les problèmes ne peuvent être résolus via les réseaux sociaux. Si les consommateurs ont l'habitude de contacter le service client d'une entreprise par téléphone, les requêtes de clients que celle-ci reçoit devront vraisemblablement encore être réglées hors des réseaux sociaux.

Si tel est votre cas, indiquez clairement à vos clients la démarche à suivre pour continuer leur requête et orientez-les vers les canaux de contact appropriés pour obtenir les informations qu'ils recherchent.

Dans la mesure du possible, évitez de transférer de manière abrupte la requête d'un client à des canaux de contact différents. Si vous ne pouvez faire autrement, veillez à ce que les informations relatives au problème qui le concerne et pour lequel il vous a sollicité via les réseaux sociaux soient transférées aux collaborateurs de vos autres départements afin d'éviter que le client ait à réexpliquer le problème. Cela ne pourrait faire qu'augmenter son mécontentement et l'amener à l'exprimer sur la Toile.

En outre, ne commettez pas l'erreur de proposer des dispositifs réservés exclusivement aux clients et auxquels les prospects n'ont pas accès. Cela peut générer un sentiment de frustration et d'exclusion, ce qui leur coupera d'emblée l'envie de découvrir votre marque et d'acheter vos produits. Chaque prospect est amené à devenir un client. C'est donc dans votre intérêt d'essayer de conquérir et convaincre vos acheteurs potentiels en les aidant dans leurs démarches de recherches d'informations.

Pratique #09 : faire preuve de transparence et de sincérité

Avant l'émergence des réseaux sociaux, les entreprises avaient l'habitude de dissimuler leurs erreurs et de ne communiquer que sur du positif. Le but était de préserver une image parfaite, en apparence solide.

Il est maintenant grand temps de ne plus se comporter de la sorte. Les consommateurs ne privilégient pas des marques soi-disant parfaites, dans lesquelles ils ne peuvent pas se reconnaître. Ils recherchent des marques authentiques, aux valeurs humaines, qui font preuve de transparence et de sincérité.

Grâce à la pléthore de sources d'informations auxquels ils ont accès, les consommateurs d'aujourd'hui sont capables d'identifier très facilement et rapidement les marques qui s'autoproclament parfaites – autant que les fausses promesses. Si des défauts dont vous seriez responsable venaient à se produire, n'essayez pas de les cacher. L'erreur est humaine... et les éventuelles fautes commises de votre part seront pardonnées plus facilement si vous les reconnaissez et vous en excusez sans détour que si vous entrepreniez des efforts pour les dissimuler.

Lorsque le mécontentement est avéré et qu'il y a vraiment eu une erreur de la part de votre entreprise, il est indispensable de faire le nécessaire pour réparer la situation afin d'endiguer toute plainte le plus rapidement et le plus efficacement possible.

L'important est de montrer au client que vous reconnaissez votre erreur et que vous allez faire votre maximum pour y remédier dans les plus brefs délais et trouver une solution.

Savoir reconnaître ses erreurs et les assumer est un énorme gage de qualité. C'est tout à votre honneur de l'avouer et cela peut désamorcer un dialogue houleux. C'est par ailleurs le meilleur moyen de construire une communauté de clients satisfaits, engagés et fidèles et de convaincre d'autres d'en faire partie.

Si cela s'avère nécessaire, excusez-vous auprès de vos clients. Les mots « Nous sommes sincèrement désolés » peuvent avoir un effet apaisant sur un internaute en colère et calmer son mécontentement.

Commencer ainsi votre message en réponse à une plainte d'un client permet d'entamer une conversation sereine qui aboutira à la résolution du conflit en douceur. Les excuses sont généralement très bien acceptées par les consommateurs insatisfaits. Des excuses sincères suivies d'un dédommagement devraient vous faire revenir dans ses bonnes grâces et transformer, à terme, son mécontentement en satisfaction.

Rappelez-vous que le client a toujours raison. Si tel n'est pas le cas et que le problème, en tout ou en partie, ne vient pas de vous, il est de votre ressort de lui prouver le contraire et d'appuyer vos réponses par des faits et des preuves. Évitez de lui répondre en reportant la faute sur les autres. Agir de la sorte ne résoudra certainement pas le problème, et le client – ou un autre – reviendra vers vous encore plus mécontent qu'il ne l'était déjà. Répondez-lui simplement en impliquant les tiers concernés dans votre réponse. Voire faites-lui comprendre judicieusement que c'est peut-être lui le responsable.

Pratique #10 : calmer le jeu et utiliser les messages privés

Le linge sale ne se lave pas en public, c'est bien connu. C'est pareil pour la résolution de problèmes qui peuvent parfois s'éterniser ou simplement demander l'envoi de données privées comme un numéro de carte bancaire ou une adresse.

Dans de pareilles situations, proposez au client de vous fournir les informations requises par message privé. C'est un moyen bien plus approprié pour dialoguer et résoudre les conflits éventuels.

Les messages privés permettent également d'éviter que les commentaires négatifs d'un client mécontent se retrouvent publics et « ternissent » vos pages, vos comptes et/ou vos chaînes, ce qui pourrait avoir un impact extrêmement négatif sur l'opinion que d'autres consommateurs se font de vous et de vos produits.

Face à un client agressif, un client exigeant ou un râleur chronique, il est toujours préférable de discuter de manière privée afin de limiter l'impact de ses réactions incontrôlables.

La procédure à suivre est simple et doit devenir systématique pour toute sollicitation qui nécessite le passage en mode privé : répondez publiquement au client que vous avez bien pris sa requête en considération et que vous allez résoudre directement le problème avec lui par message privé.

Montrez-vous courtois et poli en toutes circonstances. Face à un client qui reste borné et énervé, gardez votre sang-froid. Il semble que ce soit plus facile à dire qu'à faire. Néanmoins, conservez toujours à l'esprit que votre réputation est en jeu.

Si vous recevez un message particulièrement virulent de la part d'un client agressif, ne répondez pas sous le coup de l'émotion et ne prenez pas les critiques personnellement. Prenez le temps de formuler votre réponse. En répondant maladroitement, vous risqueriez de vous mettre à dos les autres clients qui peuvent voir vos réactions.

Pensez aux marques de respect et de considération envers vos clients, que ce soit dans vos publications ou dans les messages privés, pour éviter un *bad buzz* causé par le mauvais traitement du problème d'un client.

Si vous faites tout ce qui est en votre pouvoir pour répondre au mieux à un client mais qu'il continue de se plaindre, il se peut que, quoi que vous fassiez, rien ne puisse le satisfaire. Dans ce cas-là, vous avez très certainement affaire à un *troll*...

Les *trolls* sont des internautes qui aiment polluer les réseaux sociaux, blogs et forums de commentaires négatifs, bien souvent dénués de tout fondement. Des commentaires virulents, voire des attaques gratuites. Ce ne sont pas nécessairement des consommateurs de vos produits. Ils n'ont peut-être jamais rien acheté chez vous, mais ils viendront sans cesse vous critiquer en commentant vos publications.

Si vous avez affaire à pareils individus, n'entrez pas dans leur jeu en entamant une bataille d'arguments. Cela pourrait durer longtemps et vous n'aurez de toute façon jamais raison ! Tout ce qu'ils veulent, c'est vous attaquer et voir comment vous allez réagir, en espérant que vous vous emportiez. La solution : bloquez-les tout simplement. Si vous en avez la force, vous pouvez tenter l'humour pour leur montrer que vous les avez démasqués, mais il est impératif que cela s'arrête à un échange. Pensez à l'expression *« Don't feed the troll »* (« N'alimentez pas le *troll* »). Rien ne les arrêtera, sauf l'ignorance.

Pratique #11 : solliciter les influenceurs

Ce qui fait vendre aujourd'hui, ce n'est plus la publicité mais le bouche-à-oreille au travers des recommandations et témoignages des « ambassadeurs de marque » et des « influenceurs ».

Étant donné la confusion qui est assez souvent faite entre ces deux termes, il est important de clarifier ce qui définit chacun d'eux et ce qui les distingue.

Les ambassadeurs de marque sont des consommateurs fortement engagés sur les réseaux sociaux, qui ont confiance en la marque car ils sont ressortis pleinement satisfaits de l'expérience proposée par la marque tout en ayant généralement consommé ses produits et qui le font savoir en en faisant la promotion sur la Toile, et ce, sans être payés. Ce sont surtout des consommateurs qui ont un pouvoir d'influence majeur sur les choix de consommation d'autres internautes. En effet, certains clients d'une marque peuvent être très actifs sur les réseaux sociaux mais ne pas être influents à l'égard d'autres consommateurs car ne disposant tout simplement pas d'une audience suffisamment large. Ils peuvent être aussi engagés que possible, ils n'influenceront pas ou peu de monde, ce qui fait que leur engagement, bien que positif, aura peu de valeur pour accroître significativement la visibilité de la marque sur les plateformes sociales. Il est donc indispensable que les clients considérés comme « ambassadeurs de marque » bénéficient d'un pouvoir d'influence non négligeable sur la Toile pour être considérés comme tels.

Les influenceurs (blogueurs, célébrités, experts) sont généralement des personnalités reconnues et respectées dans leur domaine d'activité, qui rassemblent un large public sur les réseaux sociaux. Peu nombreux et très courtisés, leur intérêt de collaborer avec une marque est avant tout mercantile : ils en feront la promotion s'ils perçoivent une rémunération ou un autre avantage (envoi de produits gratuits, invitations à des ventes privées, etc.) en échange de leur implication à vanter ses mérites.

Ce qui distingue les uns des autres est principalement la fidélité à la marque. Les influenceurs sont volatils, tandis que les ambassadeurs de marque sont extrêmement fidèles, ce qui fait qu'ils sont davantage susceptibles de servir les intérêts d'une marque sur le long terme.

Aux yeux de leurs pairs, les recommandations et les témoignages d'ambassadeurs de marque sont considérés comme plus crédibles et fiables que ceux émanant des influenceurs. Ils sont ainsi plus à même d'influencer les comportements d'achat d'autres consommateurs, en fonction de leur propre expérience vécue avec la marque et de leur volonté de les aider à faire les meilleurs choix pour eux-mêmes.

Pour les influenceurs actifs sur les réseaux sociaux pour promouvoir une marque, les facteurs de motivation à accepter une collaboration sont multiples : une forte visibilité générée par les opérations menées par la marque, des contenus de qualité à partager avec leur public, un impact favorable sur leur propre image, etc. De nos jours, le phéno-mène des influenceurs a pris tellement d'ampleur que les consomma-teurs ne sont plus dupes et décèlent rapidement ceux qui le font uniquement dans un but financier, et non pour servir les intérêts de leur audience. Ils savent très bien que les influenceurs qu'ils suivent sur les réseaux sociaux et auprès desquels ils recherchent des conseils fiables avant d'acheter sont très souvent payés ou reçoivent gratuite-ment les produits dont ils font la promotion. Ils décodent donc très fa-cilement et rapidement l'ensemble des techniques utilisées pour les faire acheter.

Quoi qu'il en soit, la promotion d'une marque est particulièrement ef-ficace quand elle est effectuée par de véritables passionnés de la marque. Et là, il peut tout aussi bien s'agir, selon moi, d'ambassadeurs de marque que d'influenceurs s'ils incarnent parfaitement l'esprit de la marque et correspondent à ses valeurs.

De par leur forte implication en continu et leur niveau d'activité élevé, certains ambassadeurs de marque peuvent voir leur audience aug-menter en très peu de temps, être sollicités par les marques contre ré-tribution et devenir ainsi de véritables influenceurs, ce qui fait que la frontière est mince entre les deux termes. C'est d'ailleurs la raison pour laquelle je vous recommande de solliciter les « influenceurs », qu'il s'agisse d'influenceurs renommés ou d'ambassadeurs de marque ayant un pouvoir d'influence significatif sur d'autres consommateurs à tra-vers les médias sociaux (réseaux sociaux, blogs, forums, etc.).

L'idée est de savoir les combiner efficacement, en sachant que sollici-ter les influenceurs a un certain coût. Dans tous les cas, en sollicitant les uns et/ou les autres pour promouvoir votre marque – après une sé-lection judicieuse –, vous aurez bien plus de chances de faire adopter vos produits qu'avec une campagne publicitaire classique. Le taux d'engagement des consommateurs que vous souhaitez séduire et convaincre sera très souvent bien plus élevé en ayant recours aux influenceurs, vous permettant ainsi d'augmenter significativement le retour sur vos investissements.

Gardez toutefois à l'esprit que les influenceurs ne sont pas toujours malléables, et celui qui fait un pas de travers peut avoir une influence négative sur l'image d'une marque. Ceux qui, parce qu'ils cherchent à gagner encore et toujours plus, que ce soit des fans et *followers* ou de l'argent et des produits gratuits, abusent de ce type d'opérations, finissent par perdre toute crédibilité auprès des membres de leurs communautés *online*. Usez donc de telles techniques pour promouvoir votre marque et vos produits sur les réseaux sociaux, mais n'en abusez pas non plus !

Petite précision : vous découvrirez dans la dernière partie comment mettre en place des collaborations efficaces et profitables avec des influenceurs.

Pratique #12 : récompenser la fidélité à deux niveaux

Lorsque les clients s'engagent à l'égard d'une marque, que ce soit en achetant ses produits ou en partageant ses messages sur les réseaux sociaux, ils attendent de l'entreprise qu'elle récompense leur fidélité.

Les mesures récompensant la fidélité de ses clients engagés, telles que les remises et autres promotions incitatives, sont capitales pour les retenir et les motiver à continuer d'agir en ce sens. Ces pratiques doivent encourager les achats multiples et récompenser instantanément la fidélité des clients, contrairement à l'approche qui vise à remercier le client à l'issue d'un certain délai.

Si vous voulez les combler, veillez à récompenser la fidélité sur l'ensemble du parcours client plutôt qu'à la seule date d'achat. En d'autres termes, récompensez vos clients autant pour la consommation de vos produits que pour leur engagement sur vos publications. Agir de la sorte ne peut amener qu'à une seule attitude de la part de vos clients : qu'ils s'engagent encore plus et restent sans nul doute fidèles à votre marque. Pour longtemps.

TRANSFORMEZ VOTRE BUSINESS EN UNE MARQUE RELATIONNELLE

**NE SOYEZ PAS CONNU POUR CE QUE VOUS DITES
POUR VENDRE VOS PRODUITS.
SOYEZ RECONNU POUR CE QUE VOUS FAITES
POUR ENRICHIR LA VIE DES GENS.**

Delphine Lang

WWW.DELPHINELANG.COM

Résultats

Le succès de vos activités sur les réseaux sociaux repose sur l'acquisition des connaissances et des compétences essentielles pour proposer à vos clients une offre à la hauteur de leurs attentes et de leurs exigences. Maintenant que c'est chose faite, vous réussirez, par l'adoption de l'approche SocialKind®, à prouver à vos clients que vous êtes sur les réseaux sociaux non pas parce qu'il faut y être mais bien parce que vous êtes animé d'une réelle volonté de les aider à prendre les meilleures décisions pour eux-mêmes. Un gage de confiance inégalé qui les incitera à faire appel à vous plutôt qu'à d'autres. Cela vous permettra de vous distinguer de la concurrence et vous donnera un avantage concurrentiel intangible, difficilement copiable.

I. Maximiser son impact, son pouvoir d'influence et sa performance

En élaborant et en mettant en place une stratégie de croissance novatrice pour votre marque, vous parviendrez à bâtir, maintenir et renforcer des relations de confiance avec vos clients.

En partageant chaque jour des solutions utiles et enrichissantes avec vos clients, en quête de ce qu'il y a de mieux pour eux et que vous leur offrez, vous amplifierez votre impact et renforcerez significativement votre pouvoir d'influence. Vous occuperez ainsi une place de choix dans leur esprit et dans leur cœur. Des clients qui se rendront de leur plein gré sur votre page Facebook, votre compte Twitter et/ou Instagram, votre chaîne YouTube, etc., mais aussi dans vos points de vente, dès que le besoin s'en fera ressentir.

En réussissant à rendre la relation avec votre marque évidente aux yeux des consommateurs, par l'immersion dans une expérience unique et précieuse, qui correspond très précisément à leurs attentes et comble leurs moindres désirs, vous réussirez, sur la durée, à vous rendre incontournable et faire partie de leur vie quotidienne.

Vous augmenterez leur niveau de fidélité à votre marque et, par voie de conséquence, leur niveau de consommation de vos messages et de vos produits.

Une gestion efficace et cohérente de votre présence sur les réseaux sociaux se traduira par des recommandations et des témoignages positifs de la part de clients satisfaits de l'expérience vécue avec votre marque et de l'usage de vos produits, ce qui représente la meilleure garantie pour assurer votre croissance et votre développement sur les réseaux sociaux.

II. Mesurer avec pertinence et fiabilité son ROI social

Savoir mesurer efficacement la performance de ses activités sur les réseaux sociaux revêt un intérêt primordial pour toute entreprise. Pourtant, il existe un écart important – et préoccupant – entre les entreprises se lançant sur les plateformes sociales et leur capacité à mesurer efficacement le retour de leurs investissements.

Bien que la mesure du ROI social ne soit pas simple, elle n'est pas optionnelle. Comme avec tout autre canal de communication, la mesure est une composante essentielle au succès de ses activités. Indispensable pour prendre des décisions stratégiques et faire des choix budgétaires avec des dirigeants logiquement plus à même d'investir dans des médias dont le ROI est garanti – car mesuré avec précision –, une mesure efficace de son retour sur investissement sur les réseaux sociaux permet d'évaluer les ressources humaines et financières à y allouer, d'estimer le temps à y consacrer et de déterminer les canaux les plus appropriés pour atteindre les résultats désirés.

Pour les directions générales, dont nombre d'entre elles sont encore réticentes par *a priori* ou par manque de compréhension, il convient d'apporter des éléments tangibles permettant de justifier un déploiement sur les réseaux sociaux, afin de les convaincre de son utilité et de les inciter à solliciter l'engagement de tous leurs collaborateurs dans leurs activités sur les plateformes sociales.

Pour ceux qui gèrent au quotidien la présence sociale d'une marque – soit la leur, soit celle de l'entreprise qui les emploie ou avec laquelle ils collaborent (dans le cas d'une agence) –, dont la plupart ont le sentiment que leurs efforts sont payants même s'ils n'en mesurent pas ou peu la performance, l'intérêt de la mesure est de s'assurer que ce qu'ils font est réellement efficace et, dans pareil cas, de valoriser les efforts investis. Dans le cas contraire, preuve à l'appui, il s'agit d'éviter de continuer à déployer des efforts inutiles dans l'atteinte des objectifs fixés, en prenant des mesures appropriées pour renforcer leur efficacité.

A. Les pratiques de mesure actuelles

Sur les canaux de communication traditionnels tels que la télévision ou la radio, les entreprises évaluent l'impact de leurs campagnes sur différents points du parcours client.

Sur les réseaux sociaux, le parcours suivi par le client est différent. Pourtant, les pratiques de mesure restent inchangées. Les entreprises évaluent la valeur du client en utilisant une combinaison de métriques[19] – nombre de fans, d'interactions (*likes*, commentaires, partages), taux

---

19. Autre terme pour désigner les indicateurs de mesure.

d'engagement, etc. – fournies par les plateformes elles-mêmes ou des outils de mesure spécifiques disponibles, qui sont pléthore sur le marché. Elles reportent donc la performance de leurs campagnes sur la base de KPI traditionnels.

Ces sources délivrent des données mesurant le taux de succès à chacune des étapes du parcours client. Pour illustration :

– Attention : le nombre de vues donne une idée de la croissance de la visibilité de la marque.

– Intérêt : le nombre de fans reflète l'intérêt du consommateur pour les produits.

– Désir : le taux d'engagement indique l'intention d'achat.

– Action : les achats *online* traduisent le taux de conversion des consommateurs en acheteurs.

L'évaluation de la valeur du client se base donc sur combien il dépensera pour les produits de la marque au cours de sa vie.

B. Pourquoi changer

Ces données ne montrent qu'une image statique de la performance des activités d'une entreprise sur les réseaux sociaux. Prises ensemble, elles ne représentent qu'une partie de leur efficacité. Elles ne révèlent en rien leur vraie valeur ajoutée, c'est-à-dire dans quelle mesure elles ont été réellement efficaces pour contribuer à la croissance et au développement de l'entreprise dans son ensemble.

On se focalise très clairement sur la quantité et on néglige la qualité.

Ne sachant pas si ce qu'ils font est efficace ou pas, les gestionnaires de marque sont dans l'incapacité de prendre des décisions raisonnées pour assurer la prospérité de leur entreprise.

Même des valeurs élevées ne garantissent aucunement le succès de ses activités sur les réseaux sociaux. Voici cinq manières de justifier une telle affirmation.

Fait #1 : les *likes* et *follows* ne sont pas pour toujours

Les *likes* et *follows*[20] n'ont pas de signification claire et universelle, sans compter qu'ils ne sont pas acquis pour toujours. Pour certains utilisateurs des réseaux sociaux, *liker* une page est une manière de dire qu'ils aiment réellement la marque. Pour d'autres, cela signifie juste qu'ils l'autorisent à les contacter, le plus souvent sur une période déterminée – par exemple, le temps d'une campagne car la marque aurait imposé de *liker* sa page pour participer à un concours.

Dans tous les cas, les gens qui *likent* des pages attendent quelque chose en retour de la part des marques avec lesquelles ils sont en lien : des bons de réduction et des promotions qu'ils pourraient utiliser lors de l'achat, des offres exclusives qu'ils ne peuvent trouver nulle part ailleurs et des invitations à des événements, mais, avant tout, des interactions avec la marque et avec les autres membres de la communauté fédérée autour d'elle.

---

20. Suivis d'un compte par les internautes sur des plateformes telles que Twitter ou Instagram.

Ils gèrent activement leurs connexions avec les marques, supprimant purement et simplement celles qu'ils ne trouvent plus utiles et/ou celles qui n'ont rien fait pour démontrer un engagement réciproque. Les raisons d'un *dislike* sont multiples : perte de pertinence par rapport à son style de vie, volonté de changer de marque ou encore un concours arrivé à terme.

Pour revenir à la mesure actuelle, si le gestionnaire de marque ne sait pas ce qui a été efficace en termes d'actions, il ne sait pas adapter sa stratégie pour publier du contenu que ses clients aimeront et consommeront. Par conséquent, le risque de les perdre est bien plus élevé.

Fait #2 : des valeurs élevées, oui mais des campagnes publicitaires

Démontrant très clairement une vision à court terme, la plupart des entreprises présentes sur les réseaux sociaux produisent du contenu qu'elles amplifient par des campagnes publicitaires.

Quel que soit le type de campagne, on leur garantit une augmentation du nombre de fans ou de réactions avec un taux de réussite garanti. À court terme, elles obtiennent ce qu'on leur a promis. On leur présente des graphiques et des *dashboards* où leur performance est comparée à celle de leurs concurrents, avec des métriques d'aspect purement quantitatif qui illustrent le soi-disant succès de la campagne. Des données spectaculaires mais sans signification.

En effet, la quantité ne fait pas la qualité. Sur le court terme, l'indicateur de quantité est au vert. L'entreprise a grandi en quantité, puisque les métriques traditionnelles sont là pour le prouver. Ce qui n'est cependant pas assuré, c'est l'indice de qualité. Et là, rien ni personne ne peut lui garantir qu'elle a grandi en qualité, puisqu'aucune métrique n'est là pour le démontrer.

TRANSFORMEZ VOTRE BUSINESS EN UNE MARQUE RELATIONNELLE

PLUTÔT QUE DE VISER À ÊTRE MEILLEUR QUE VOS CONCURRENTS, VISEZ À ÊTRE LE MEILLEUR POUR VOS CLIENTS.

Delphine Lang

WWW.DELPHINELANG.COM

La croissance du nombre de fans prise isolément ne signifie pas non plus que le succès est au rendez-vous. En effet, si le nombre de fans augmente exponentiellement durant une campagne, mais que le niveau d'engagement moyen diminue proportionnellement, la visibilité organique – déjà si faible – des publications d'une marque chutera drastiquement. Les mois suivants, l'entreprise devra redoubler d'efforts pour conserver ou regagner l'attention de son audience à l'égard de sa marque.

Tout cela, sans même tenir compte du fait que nombre des fans chèrement acquis sont souvent des faux fans, sans aucune valeur pour l'entreprise. Des faux comptes ou des gens payés pour *liker* des pages, mais qui ne franchiront jamais les portes des magasins.

Fait #3 : des valeurs élevées mais beaucoup de fans et/ou de publications

Les diverses métriques communément utilisées sont influencées par deux variables :

– Fans : plus la communauté d'une marque sur les réseaux sociaux est large, plus la probabilité est élevée que le nombre d'actions générées sur ses publications le soit aussi.

– Publications : plus la quantité des publications d'une marque sur une période donnée est grande, plus la probabilité est élevée que le nombre d'actions générées sur l'ensemble de ses publications le soit aussi.

Avoir un plus grand nombre de réactions que ses concurrents ne signifie donc pas nécessairement une meilleure performance, et *vice versa*. Dès lors, prendre des décisions sur la base d'un comparatif de performance par rapport à d'autres acteurs du marché actifs sur les réseaux sociaux est un non-sens.

Le potentiel de croissance est bien plus élevé en ayant peu de membres mais fortement engagés qu'en ayant une armée de fans inactifs, qui ne seront probablement pas motivés pour vous suivre éternellement et n'auront donc pas beaucoup de valeur.

Fait #4 : un taux d'engagement élevé n'est pas toujours positif

Si vous comparez votre performance à celle de vos concurrents sur la base du taux d'engagement, il se peut que vous arriviez à la conclusion que vous avez moins bien réussi qu'eux à engager vos consommateurs connectés – qui peuvent être les mêmes individus s'il s'agit de concurrents directs. Or, durant un *bad buzz*, les publications d'une marque peuvent générer énormément de réactions, et donc un fort engagement.

Cet engagement élevé n'est pas signe de succès puisque les réactions en masse impacteront négativement l'image de la marque concernée.

Fait #5 : des valeurs élevées pas toujours synonymes de ventes

Les fans les plus engagés de votre communauté *online* ne sont pas toujours les plus gros acheteurs. Cependant, ils peuvent vous ramener un grand nombre de nouveaux clients et sont donc de grande valeur – ce qui ne coïncide pas avec une vision à court terme puisque la transformation d'individus en fans fortement engagés demande du temps.

En conclusion, les données qui sont actuellement utilisées par les entreprises pour mesurer leur ROI social ne donnent aucune indication sur « ce qui compte vraiment », c'est-à-dire sur ce qui permet de garantir un ROI positif. Cette interprétation incorrecte de la performance relative de différents acteurs dans un secteur d'activité donné ne peut qu'induire en erreur dans les actions à entreprendre découlant d'une telle analyse comparative. Par conséquent, elle ne permet pas de prendre des décisions éclairées ni d'agir efficacement pour adapter sa stratégie en conséquence.

La procédure de mesure actuelle ralentit encore un peu plus la compréhension par les entreprises de comment utiliser les réseaux sociaux pour assurer la croissance et le succès de leur business.

Les métriques traditionnelles ne donnent aucune indication juste et fiable de la réussite d'une marque sur les réseaux sociaux. Ces indicateurs de performance sont pourtant les plus communément utilisés.

La popularité des mesures actuelles s'explique par diverses raisons :

– Elles sont simples, puisqu'il s'agit de chiffres.

– Elles concordent avec les pratiques de mesure des médias traditionnels.

– Elles sont claires et facilement communicables au management.

Sans garantie aucune de l'efficacité de ses activités sur les réseaux sociaux, il est grand temps de ne plus s'encombrer d'une kyrielle de données, qui donne juste l'impression de se sentir noyé et de ne surtout rien comprendre ni contrôler. À la place, il s'agit de se concentrer sur l'essentiel. Sur ce qui compte vraiment.

Moins se soucier de ce que les autres – concurrents directs ou indirects – font, et plus se préoccuper de ce que les consommateurs que vous cherchez à séduire et convaincre attendent d'entreprises comme la vôtre sur les réseaux sociaux. Autrement dit, ne pas focaliser toute votre attention sur les métriques classiques, mais aller plus loin et obtenir des enseignements fiables, en donnant du sens aux données.

C. La philosophie SocialKind® sur la mesure du ROI social

Comme on l'a vu, dans le monde digital d'aujourd'hui, se limiter à simplement satisfaire ses clients via la communication d'informations sur ses produits n'est désormais plus suffisant. Pour garantir leur engagement, il faut leur permettre de se sentir compris, valorisés et reconnus pour ce qu'ils sont – simplement parce qu'ils sont des gens comme vous et moi – en utilisant les technologies intelligemment et efficacement pour leur proposer une offre qui comblera, voire anticipera, leurs moindres désirs.

Sur la base de l'approche SocialKind®, le but à se fixer est de transformer son business en une marque relationnelle en s'attelant à bâtir, maintenir et renforcer des relations de confiance avec ses clients dans la durée.

L'attitude qu'il convient d'adopter est la suivante : arrêter d'investir aveuglément dans des campagnes publicitaires sans garantie de résultats significatifs à long terme pour se concentrer sur ce qui compte vraiment pour assurer un retour sur ses investissements et qui garantit dès lors une croissance et un succès continus de son entreprise.

Différente des autres canaux de communication, la nature propre aux réseaux sociaux consiste à développer une relation client faite d'événements récurrents qui auront une influence sur la valeur de la marque. Quelque chose qui se développe avec le temps, d'où la nécessité d'adopter une vision à long terme.

Ce qui importe vraiment et qu'on néglige dans la plupart des mesures actuelles :

– N'EST PAS la position d'une marque dans un environnement compétitif à un moment donné, mais EST la relation qu'elle développe avec ses consommateurs dans la durée ;

– N'EST PAS la quantité, c'est-à-dire le nombre de fans ou de réactions, qui ne donne aucun avantage concurrentiel à long terme, mais EST la qualité, c'est-à-dire la confiance que les consommateurs portent à l'égard d'une marque, qui permet de les attirer, de les convaincre et de les retenir ;

– N'EST PAS la conversion, c'est-à-dire de viser exclusivement à transformer ses fans en acheteurs, mais EST la conversation, en visant à transformer ses fans, sinon en acheteurs, en ambassadeurs de marque.

Il convient de moins se préoccuper de ce que les autres – vos concurrents directs ou indirects – font et de se soucier davantage de ce que les consommateurs que vous cherchez à séduire et convertir en clients engagés et fidèles attendent d'entreprises comme la vôtre sur les réseaux sociaux. Autrement dit, ne pas focaliser toute votre attention sur les métriques classiques, mais aller plus loin qu'une simple logique quantitative et obtenir des enseignements fiables, en donnant du sens aux données.

La meilleure indication du succès d'une entreprise sur les réseaux sociaux n'est pas la valeur qu'elle crée aujourd'hui, le temps d'une campagne, mais bien sa capacité à créer de la valeur aujourd'hui et demain.

En élaborant et en mettant en place votre propre stratégie sur la base de l'approche SocialKind®, vous parviendrez à bâtir, maintenir et renforcer des relations de confiance avec vos clients. Vous aurez dès lors la garantie absolue de maximiser votre retour sur investissement en créant de la valeur à long terme pour tous les acteurs impliqués : votre entreprise, vos investisseurs, vos clients et la société au sens large.

III. Mettre à profit les relations de confiance avec ses influenceurs

Une fois que vous aurez réussi, avec le temps, à gagner la confiance de vos clients, vous disposerez d'un certain nombre de consommateurs qui auront confiance dans votre marque et qui auront le pouvoir d'en influencer d'autres. Ce noyau, plus ou moins large, d'influenceurs – pour rappel, qu'il s'agisse d'influenceurs renommés ou d'ambassadeurs de marque – représente la meilleure façon de promouvoir votre marque et d'augmenter significativement la visibilité de votre marque et de vos actions sur les réseaux sociaux. Il s'agira donc de mettre à profit ces relations de confiance en établissant des collaborations fructueuses avec eux. Avec leur pouvoir d'influence, leur communauté attentive et fidèle, ils représentent une réelle opportunité de booster votre notoriété et votre image de marque, donc autant en profiter !

Aujourd'hui plus que jamais, les influenceurs sont au cœur des actions entreprises par de très nombreuses marques sur les réseaux sociaux, et ce, dans de multiples domaines. Nombreuses sont celles à mettre en place des opérations spéciales en invitant des influenceurs tels que des blogueurs à découvrir en exclusivité leurs nouveautés avant leur mise sur le marché. Résultat après opérations : une pluie d'éloges sur la Toile dans les heures qui suivent. Ne passez donc pas à côté d'une telle opportunité, sachant que vous aurez donné le meilleur de vous-même pour offrir à vos clients – dont certains influenceurs font indéniablement partie – une expérience de valeur qui vous aura permis de gagner leur confiance.

Pour établir des collaborations efficaces avec des influenceurs, il s'agit de suivre une procédure en cinq étapes.

Étape #01 : fixer précisément ses objectifs

Les objectifs peuvent être multiples : asseoir sa réputation, renforcer son image de marque de qualité, accroître la visibilité *online* de sa marque et de ses actions, promouvoir de nouveaux produits auprès d'une communauté qualifiée, augmenter le nombre de ses fans et *followers*, accroître le nombre de *leads* en boostant le nombre d'inscrits à un programme de fidélité ou le nombre de téléchargements d'une application, etc.

Définissez clairement les vôtres avant de vous lancer à la recherche d'influenceurs, ce qui vous permettra d'évaluer rapidement et efficacement si vous les avez atteints post-actions ou post-campagnes.

Étape #02 : sélectionner judicieusement ses influenceurs

Une fois vos objectifs clairement définis, il s'agit d'identifier les influenceurs les plus pertinents pour promouvoir votre marque. Pour cela, basez-vous sur cinq critères de sélection :

- la taille de leur communauté online ;

- la qualité de leur audience ;

- leur pouvoir d'influence, leur réputation et leur capital-sympathie auprès du public ;

- leur niveau d'activité ;

- la qualité de leurs contenus.

Lancez-vous ensuite à la recherche des influenceurs qui correspondent le mieux à ces critères.

TRANSFORMEZ VOTRE BUSINESS EN UNE MARQUE RELATIONNELLE

LE BOUCHE-À-OREILLE DE CLIENTS SATISFAITS ET QUI LE FONT SAVOIR VAUT SON PESANT D'OR.

Delphine Lang

WWW.DELPHINELANG.COM

Les personnes que vous sélectionnerez doivent bénéficier d'un certain un niveau de notoriété et être reconnues immédiatement par les consommateurs que vous cherchez à toucher et convaincre par leur intermédiaire. Elles doivent correspondre aux valeurs de votre marque afin d'être crédibles lorsqu'elles en feront la promotion.

Si vous faites appel à des célébrités, veillez, lors de la création de vos campagnes, à ce que la star mise en avant soit votre marque, et non la célébrité. Quelle que soit la célébrité choisie, elle doit incarner l'esprit de votre marque afin de faire passer idéalement l'image de votre marque et d'éviter ainsi des réactions négatives de votre audience, qui n'y verrait qu'un coup publicitaire.

Sachant que ceux qui sont les plus populaires et/ou actifs sur les réseaux sociaux ne sont pas forcément ceux qui ont une audience qualifiée, veillez à sélectionner ceux qui, au-delà d'être fortement impliqués, sont suivis par des fans et *followers* qui représentent pour vous de vrais acheteurs potentiels. Des influenceurs qui seront de grande valeur pour promouvoir votre marque en remportant, via leurs actions, l'adhésion de toute leur communauté.

Étape #03 : entrer en contact

Une fois les bons influenceurs identifiés, suivez-les sur les réseaux sociaux, *likez*, commentez et partagez leurs publications, etc. L'objectif à cette étape est d'établir un premier contact en montrant l'intérêt que vous portez à leur égard. En étant régulièrement présents parmi les membres actifs de leur communauté – ce qu'ils remarqueront en regardant les notifications de ceux qui auront réagi à leurs publications –, vous ressortirez par la suite du lot de propositions qu'ils reçoivent.

Contactez-les ensuite directement. Pour maximiser vos chances d'obtenir une réaction de leur part, une prise de contact personnalisée est indispensable.

Une fois la prise de contact directe établie, gardez patience s'ils ne vous répondent pas immédiatement. Plus les influenceurs sont populaires et appréciés sur les plateformes sociales, plus les marques sont nombreuses à les solliciter. Attendez quelques jours, puis relancez-les.

Une non-réaction immédiate de leur part ne doit pas vous empêcher d'entretenir le contact avec eux, en continuant à suivre leurs activités sur les réseaux sociaux. Cela vaut bien sûr également dans le cas où l'influenceur accepte de collaborer avec vous.

Étape #04 : trouver une formule de collaboration profitable pour tous

Gardez toujours à l'esprit le but ultime de toute collaboration avec des influenceurs : emporter l'adhésion de leurs communautés *online* grâce aux actions qu'ils effectueront pour promouvoir votre marque et vos produits. De ce fait, rédigez un dossier suffisamment séduisant et convaincant pour qu'ils répondent favorablement à votre proposition de collaboration. Dans votre dossier, veillez à leur accorder toute l'attention qu'ils méritent en les mettant en avant.

Excepté ceux qui n'agissent que dans un intérêt purement mercantile, la plupart des influenceurs font la promotion des marques dans lesquelles ils croient. Que vous ayez sélectionné des ambassadeurs de marque – qui auront déjà vécu l'expérience avec votre marque – ou des influenceurs renommés – pour lesquels ce n'est pas nécessairement le cas –, tout influenceur cherche à vivre des expériences utiles et enrichissantes et prend plaisir à parler de ses centres d'intérêts et de ses passions avec les internautes qui le suivent sur les réseaux sociaux.

C'est donc en donnant aux influenceurs toujours plus de raisons de s'intéresser à vous par l'immersion au cœur de votre marque et de votre expérience client qu'ils seront motivés et stimulés à s'engager dans une collaboration constructive avec vous.

Pour leur expliquer clairement et efficacement ce que vous attendez de leur part dans le cadre d'un éventuel futur partenariat, privilégiez l'organisation d'événements durant lesquels vous présenterez votre marque, donnerez l'opportunité aux influenceurs de découvrir et tester vos produits et transmettrez le message que vous souhaitez qu'ils véhiculent sur la Toile. Si vous n'en avez pas les moyens, envoyez votre proposition par email et offrez-leur la possibilité de tester gratuitement vos nouveautés en leur envoyant des échantillons de vos nouveaux produits ou en leur donnant un accès gratuit à vos nouveaux services si c'est ce que vous commercialisez.

Une fois que vous aurez convaincu certains influenceurs de collaborer avec vous et que vous leur aurez transmis le message à faire passer auprès de leur public, vous devez leur laisser toute la liberté nécessaire afin qu'ils se l'approprient aisément et qu'ils puissent s'exprimer librement.

Il est important que leurs messages restent authentiques et crédibles, d'où la nécessité de respecter leurs propres façons de parler. Pour conserver la confiance de leurs fans et *followers*, ils doivent être honnêtes et sincères, ce qui signifie bénéficier d'une totale liberté éditoriale, quitte à mettre en avant les défauts ou les manquements de vos produits. Si cela devait vous arriver et même si ce n'est pas ce à quoi vous vous attendiez, considérez ces avis, non comme des critiques, mais plutôt comme des pistes d'amélioration à prendre en considération pour optimiser vos produits et services et répondre toujours mieux aux besoins et aux attentes de vos consommateurs.

C'est en ressentant le sentiment de liberté que vous leur conférerez qu'ils en parleront avec plaisir et intérêt à leur communauté *online*, dans leurs propres lieux d'expression, à leur manière et avec leurs propres mots – ce qui ne doit pas vous empêcher de les recadrer s'ils n'utilisent pas les termes appropriés pour vanter les bénéfices de vos produits. Le but est d'assurer un transfert de compétences vers les influenceurs, de les investir d'un rôle réel afin de les motiver.

Étape #05 : développer et entretenir les relations en continu

Pour maintenir et renforcer l'implication de vos influenceurs en continu, il est essentiel de leur attacher de l'importance en mettant en avant la valeur qu'ils vous apportent par leurs recommandations et témoignages. Valorisez-les dans les actions que vous menez sur vos propres pages, comptes et/ou chaînes.

Si vous voulez qu'ils continuent à rester fidèles à votre marque, informez-les en avant-première des lancements de vos nouveaux produits, sollicitez-les à nouveau si la première collaboration a été fructueuse, récompensez-les de leur fidélité, faites-leur bénéficier d'exclusivités, etc., afin de développer leur sentiment d'appartenance à votre communauté.

Il est également important de leur permettre de pouvoir échanger entre eux et avec votre marque, de partager leurs expériences, en leur signifiant clairement que vous êtes pleinement disponible et que vous êtes à leur écoute si nécessaire, tout en favorisant autant que possible des rencontres directes.

Veillez constamment à développer et entretenir les relations de confiance que vous aurez nouées avec eux. Votre démarche doit avant tout être humaine et il convient de mettre en place les conditions favorables pour assurer le succès des actions entreprises.

Enfin, récompensez-les de leur engagement. La garantie d'une colla-boration fructueuse sur le long terme.

En établissant des collaborations avec des influenceurs pertinents et en proposant des échanges *win-win*, vous parviendrez à booster votre réputation *online* et promouvoir plus largement votre marque et vos produits.

Votre communauté s'animera ensuite d'elle-même et vous aurez de moins en moins à investir dans des campagnes publicitaires.

En immergeant les internautes, vos influenceurs y compris, au cœur de votre marque grâce à une offre créatrice de valeur et en leur pro-posant toujours plus de solutions utiles et enrichissantes, vous par-viendrez à bâtir, maintenir et renforcer les relations de confiance avec eux. Ils seront dès lors, tous autant qu'ils sont, plus enclins à parler et faire vivre votre marque sans que vous n'ayez forcément besoin de le leur demander.

Vous considérant comme partenaire de valeur, ils se transformeront à leur tour en partenaires de valeur pour votre marque, ce qui est sans aucun doute la meilleure illustration de la puissance de votre marque sur les réseaux sociaux et ce qui vous donnera la garantie absolue d'une croissance durable et rentable de vos activités.

En conclusion, c'est toujours la qualité qui amènera à vous les clients. La valeur que vous gagnerez aux yeux de votre public, grâce à vos pro-pres actions et celles de vos meilleurs représentants – vos clients –, vous amènera indubitablement sur la voie du succès.

Il ne me reste plus qu'à vous remercier pour l'intérêt que vous avez porté à la découverte de mon approche.

Maintenant que vous possédez la formule qui vous permettra de garantir le succès et la rentabilité de vos activités sur les réseaux sociaux, lancez-vous... et surtout et avant tout, croyez en vous et en votre capacité à créer et mettre en place votre stratégie unique et différenciée qui vous permettra de vous démarquer de vos concurrents et d'emporter l'adhésion de vos clients.

Sachez que je serai toujours là pour vous via les réseaux sociaux. Je vous invite à vous rendre sur mon site Web www.delphinelang.com pour y retrouver les liens vers les différentes plateformes.

Je vous souhaite tout le succès que vous méritez.

TRANSFORMEZ VOTRE BUSINESS EN UNE MARQUE RELATIONNELLE

REFLÉTEZ L'IMAGE
D'UNE ENTREPRISE CONNECTÉE
CAPABLE DE COMPRENDRE ET DE DEVANCER
LES MOINDRES ATTENTES DE VOS CLIENTS.

Delphine Lang

WWW.DELPHINELANG.COM

Remerciements

J'aimerais tout d'abord remercier ma mère et lui dédier ce livre. Ma si précieuse mère qui n'est plus à mes côtés pour partager avec moi tout ce qu'il m'arrive d'incroyable depuis quelque temps.

Ma mère, Dominique Lang, sans laquelle je ne serais pas devenue celle que je suis aujourd'hui. Une femme brillante, battante, qui a toujours pensé aux autres avant de penser à elle.

Ma mère qui a toujours cru en moi plus que moi-même et qui m'a si souvent dit qu'elle savait que j'allais réussir. Elle m'a accompagnée, soutenue, encouragée, et, pour ça, je la remercie du plus profond de mon cœur.

Elle était ma vie, mon pilier, ma « Mamouli d'amour ». Lorsqu'elle est partie le 4 mars 2013, emportée par un cancer après de longs mois durant lesquels elle s'est battue pour la dernière fois, j'ai bien cru que je ne tiendrai pas le coup. Sans elle. Je le lui ai confié quelques jours avant son départ, et elle m'a demandé de me battre, en me disant qu'elle savait que j'allais y arriver. Alors, je me suis accrochée dur comme fer, pour ne pas la décevoir, mais au contraire la rendre fière. Mon objectif en ligne de mire, j'ai tout mis en œuvre pour réussir. Des longs mois à travailler d'arrache-pied. Des mois à penser, réfléchir, créer, remettre en question mes idées, affiner mes convictions les plus profondes et écrire des semaines durant pour sortir ce livre, transmettre mon savoir et transformer mon rêve en réalité : celui d'apporter ma contribution au monde en aidant les autres – vous – à atteindre leurs objectifs.

Ma mère n'a pas connu le succès qu'elle méritait tant. Alors, si ce livre remporte le succès que j'espère tant, il sera pour elle, et pour moi.

J'espère que de là où elle est, elle est fière de moi.

Ensuite, je tiens à remercier Jérôme de Bucquois, mon guide depuis des années, qui m'a accompagnée et orientée vers le bon chemin. Il m'a fait prendre conscience que je possédais une richesse incroyable que je n'exploitais pas. S'il ne m'avait pas amenée à cette prise de conscience, j'aurais peut-être continué à me gâcher comme je m'attelais si bien à le faire. Un mode de fonctionnement que je ne connaissais que trop bien. Une façon de me faire du mal pour payer le prix de la culpabilité ressentie, à tort, à la suite d'une série d'épreuves que j'ai subies sans savoir me défendre face à des êtres que je pensais plus forts que moi et qui m'ont fait porter le poids, bien trop lourd, de leurs propres responsabilités. Des épreuves qui marquent à vie. Certaines épreuves que j'ai traversées avec ma mère à mes côtés, toutes deux unies et solidaires, d'autres que j'ai eues à surmonter seule. Moi qui, ayant toujours rêvé grand et convaincue en mon for intérieur que j'allais devenir celle que j'avais toujours rêvé d'être, aurais pu ne jamais y arriver. Pourtant, au lieu de m'abattre, ces épreuves m'ont renforcée et m'ont donné l'envie de me battre pour remplir la mission que je m'étais donnée après le départ de ma mère, afin de changer ce qui doit l'être et contribuer, à ma façon, à rendre le monde meilleur. Jamais victime, toujours responsable.

Ne dit-on pas que ceux qui ont eu un passé très douloureux sont ceux qui se donnent sans limite pour réussir ? Eh bien, je pense en faire partie. Dans un sens, je remercie ceux qui m'ont posé tant d'obstacles car, dans un sens, sans eux non plus, je ne serais pas arrivée là où j'en suis...

Quoi qu'il en soit, mon guide m'a permis de me relever. Il ne m'a jamais bousculée, mais il m'a provoquée. C'est un grand homme, incomparable et étonnant. Je sais que je pourrai toujours compter sur lui pour trouver l'énergie et la confiance qui me manquent parfois pour avancer et profiter de tout ce qu'il m'arrive de fabuleux. Son soutien vaut de l'or. Merci à lui.

Je remercie également mon éditeur, sans lequel ce livre n'aurait jamais vu le jour. Merci d'avoir cru en moi et de m'avoir donné la chance de réaliser mon rêve de publier ce livre.

Enfin, je vous remercie vous qui me lisez. Vous qui me suivez peut-être sur les réseaux sociaux. Si oui, sachez que votre intérêt et votre engagement dans les publications que je partage avec vous depuis quelque temps sont pour moi une source d'énergie incroyable, inestimable. Lorsque je me suis lancée sur les réseaux sociaux – Instagram principalement –, j'étais encore au stade de l'écriture. En voyant le nombre impressionnant de réactions et en lisant vos commentaires, j'ai eu du mal à réaliser que cela pouvait m'arrive à moi. Et pourtant si. Cela m'a permis de me conforter encore un peu plus dans l'idée que ce que je faisais, je devais le faire jusqu'au bout. Pour vous, pour moi, et pour les quelques personnes qui ont cru en moi. Pour qu'un jour, vous ayez ce livre entre les mains. Vous, sans qui je ne serais pas là. Merci infiniment.

LE SOCIALKIND®
STRATEGIC BLUEPRINT

TRANSFORMEZ VOTRE BUSINESS EN UNE MARQUE RELATIONNELLE

① COMMENT PENSER

POSER LES 7 PILIERS
D'UNE CULTURE IDÉALE

#01 Responsabilité
#02 Engagement
#03 Collaboration
#04 Prise de risques
#05 Innovation
#06 Optimisation
#07 Optimisme

② COMMENT SE COMPORTER

BÂTIR UNE STRATÉGIE
PUISSANTE EN 10 ÉTAPES

#01 Définir clairement son identité de marque
#02 Fixer précisément ses objectifs
#03 Faire une analyse précise de la concurrence
#04 Acquérir une connaissance approfondie de ses clients
#05 Élaborer une offre cohérente qui répond à la demande
#06 Configurer ses pages et comptes sur les canaux appropriés
#07 Définir les thèmes à traiter et créer du contenu optimisé
#08 Établir un calendrier de publications
#09 Mettre en place une base de connaissance clients
#10 Mesurer sa performance et ajuster sa stratégie

③ COMMENT AGIR

ADOPTER LES 12 MEILLEURES
PRATIQUES FONDAMENTALES

#01 Utiliser les codes propres aux réseaux sociaux
#02 Publier régulièrement et au bon moment
#03 Assurer une veille constante
#04 Traiter toutes les sollicitations
#05 Adopter une écoute attentive et empathique
#06 Répondre rapidement
#07 Participer aux discussions
#08 Guider et orienter
#09 Faire preuve de transparence et de sincérité
#10 Calmer le jeu et utiliser les messages privés
#11 Solliciter les influenceurs
#12 Récompenser la fidélité à deux niveaux

Delphine Lang

WWW.DELPHINELANG.COM

Bibliographie sélective

1. « *The Consumer Conversation – The experience void between brands and their customers* », *Econsultancy in association with IBM ExperienceOne*. Étude réalisée auprès de 276 entreprises et de 1 135 consommateurs d'Amérique du Nord au premier trimestre de 2015.

2. G. C. Kane, D. Palmer, A. N. Phillips, D. Kiron *and* N. Buckley, « *Strategy, not Technology, Drives Digital Transformation* », MIT Sloan Management Review-Deloitte University Press, July 2015. Étude réalisée auprès de 4 800 entreprises dans 129 pays et 27 secteurs d'activité à l'autonome 2015.

3. N. G. Carr, « *IT Doesn't Matter* », *Harvard Business Review 5, May 2003.*

4. Anne Marie, « Les besoins fondamentaux ou la pyramide Maslow », etats-d-esprit.com.

5. Segmentation marketing, « Les critères de segmentation marketing », Analyse marketing.

Retrouvez tous les livres des éditions Lexitis sur

www.LexitisEditions.fr

www.ingramcontent.com/pod-product-compliance
Lightning Source LLC
Chambersburg PA
CBHW080553220326
41599CB00032B/6465